The Yellow-Lighted Bookshop

书店的灯光

〔美〕刘易斯·布兹比 著 陈体仁 译

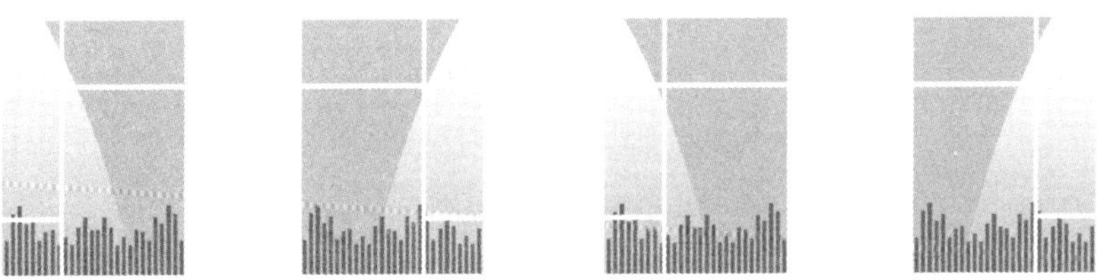

上海三联书店

新经典文化股份有限公司
www.readinglife.com
出　品

献给我的父亲、母亲。

我仍有一个心愿，要画一家书店，它的外墙在暮霭中是黄色和粉色的……就像黑暗中的一盏灯。

文森特 · 凡高

目录

在人群中独处

每当我走进一家书店——任何一家书店，我出门的第一件事就是去书店——总是满怀暗喜。按理我不该如此：我在书店度过了大半生，当过书店店员，也做过出版社的销售代表；即便在我退出这个行业后，仍然是个不可救药的书店常客，每周至少要去书店五次。难道我还不厌倦吗？可是，在如此恬谧的早晨，书店的陈列整整齐齐，书架清洁并充满希冀。我知道这不仅仅是一家商店——当书店开门迎客，世界的其他部分也随之而来，当天的气候，当天的新闻，接踵的顾客，成箱的书，以及那书中的世界——记载事实的书和阐述真理的书，新出版的书和世代传读的书，极其重要的书和绝对平庸的书。从前，站在这书河中，我总是情不自禁地感觉到宇宙可能会披露些什么。

当然，我并不仅仅是为买一本新书而去书店。逛书店本身就令人兴奋，我知道我想待多久就可以待多久。书店的潜规则与其他零售行业不同。虽然书店多为私人经营，却重视公众对时间和空间的要求。它不像那些似乎灾难在即而大量出售手纸或辣椒酱的大卖场；也迥异于销售花哨名牌服装或饰物的豪华商铺；它更不是一天劳作后回家顺道买上半打啤酒、一盒香烟或冰淇淋的便利店。收款机的铃声并非是在提醒你快走，书店不限制你的逗留——它本来就是供人流连的地方，时间长短由人自便。我来可以是为了从烹调书中抄一个菜谱或查找圣安东尼奥那家装饰派艺术风格酒店的名称，甚至重读某本喜爱的短篇小说；可以约上一个朋友，一边浏览书的封面一边聊天；也可以坐在“历史”区阅读一本论述文艺复兴鼎盛时期那不勒斯复杂手语著作的第一章，那本书真是引人入胜。只要你方便，就可以享受甜美的时光。如果书店有一个咖啡馆，那就更妙了；一块蛋糕和一杯咖啡，时间就会过得更轻松。我甚至会买一本书。

设想在百货商店的经历：试穿一件新外套在店里转上半小时，也许下周三又来试一次，其实你并不真的打算买。走进比萨店看看是否有免费品品尝；你很饿，于是尝了尝意大利辣肠、香肠、洋蓟和菠萝，味道不错但不合你当时的胃口。在其他零售店里，店员和管理规定都不待见只试不买的顾客。

书店的这种行业性的闲适部分来自它所销售的商品——书不是那种急功近利的产品，它们需要时间；写书很慢，出书很慢，读书也很慢。一本四百页的小说也许要数年才能完成，出版的时间可能更长，即便被买回家，读者也许隔上几天、几周，甚至几个月才会坐下来读上几个小时。

但书店的宽容也并非完全出于书的特性。现代书店与咖啡馆或小食店为邻已有长久的历史。在十八世纪的欧洲，当咖啡和烟草风靡大陆时，咖啡馆是作家、编辑和出版商的聚会场所。提神的咖啡和诱人的烟草相得益彰，可以让人愉快平静地坐上一天，颇适合于写作、阅读、长谈，或临窗发呆。那是启蒙时代，识字者渐多，书价比以前便宜，品种趋向丰富，书店经常与咖啡馆为邻，这家的顾客也是那家的顾客，都是些有闲情聊天和思考的人。即便今天，最大型的连锁书店还是关注这个根本特点，用咖啡机、沙发和书桌营造出欢迎顾客享受时光的氛围。

书将我们与他人联系在一起，但这种联系建立于独处之中：一个读者独处一隅聆听一个作者的心声。比如，约翰·欧文[1]的文字就像一个智者在与另一个智者交谈。通过网络、电话订购书只需举手之劳；而邮购图书也是轻而易举——

没等我们开门，投递员就会从邮箱中把填好的书目取走。但购书人中十有八九还是愿意亲临书店，为了置身于书之中，当然也是为了置身于那些购书的同好之中，哪怕我们可能从不交谈。埃利亚斯·卡内蒂[2]曾将咖啡馆描述为我们“在人群中独处”的地方，我一直认为这句话也适合于书店。这种独处和会聚实在是可爱的搭配，就好像书店在消解图书的孤独。

书店并不像其他零售店那样计较时间和空间，因为这不是大问题。大多数书店店员入此行是因为他们爱书，又天生喜好经商。书价廉，按照经济学法则，书业利润不过是蝇头而已。书又是大量的，需要很大的空间——每一种书都是唯一的，一家书店需要丰富的品种、充足的库存才能保证高的销售额；所以大多数书店店员的收入仅够维持生活。在其他行业中时间也许是金钱，但在书店里却不是。既然时间不是金钱，我们不妨挥霍一回。

书店向来是交换时代思想的市场，在塑造公众话语方面起到促成的作用。书店经常是捍卫言论自由权利的阵地。在西尔维亚·比奇[3]的莎士比亚书店[4]的赞助下，乔伊斯[5]的《尤利西斯》才得以面世；没有劳伦斯·费林盖蒂[6]的城市之光书店[7]，金斯伯格[8]的《嚎叫》可能要在数年之后才能跻身文学殿堂。这只不过是两个最著名的例子而已。

大量生产的图书具有一个基本的平民特征。比如，《堂吉诃德》是西方文学的伟大成就之一，价格却与最俗气的名人传记大致相当，甚至因不用支付版税而更便宜。而地域对价格的影响也是微乎其微:《堂吉诃德》在纽约豪华店铺和四面透风的堪萨斯城路边小店的价格是一样的。其他商品的生产批量不仅影响价格，而且影响质量。我期望花费数千美元定做的低音吉他的音质和演奏效果要优于我的芬德牌仿制品，后者只需两百美元。一本崭新的由霍加斯出版社[9]出版的弗吉尼亚·伍尔夫[10]《海浪》的初版本固然是藏书家的梦想之物，但新近出版的平装本也同样有吸引力。她的散文质量不会因价格或版本而有所损益。

在书店里，最优秀的和最枯燥的图书任凭挑选，它们服从同一个原则，即：是否有读者需要？每个读者都有自己的喜好。书店很可能同时销售普鲁斯特[11]的《追忆似水年华》、最新的猫卡通、汽车修理手册、军事历史传记、自助指南、计算机编程或微生物进化等类的书。读者各取所需。

书店并不只是销售文学书籍，每本书都有自己的读者。来书店的人各有目的：查找古钱币的价格、有效的除草经验、合适的小农舍养猪方法，等等。好书店兼收并蓄。

书经久耐看，可以用而无损。书不需要燃料、食物或服务；它既不会自己弄脏也不会闹出动静。书可以反复读，然后传给朋友，或再卖掉。书不易碎，不怕冻，沾满沙子也照样能读。即便掉到浴缸里，晾干了，熨平了，就万事大吉。如果书脊开裂了，书页掉了，只要在风光顾前将它们整理好，用胶带粘上就行。

书的平民性质中最重要的是：除了识字外，看书不需要其他特别的训练。

书店的吸引来自诸多层面，所以我们必须静下心来。我们在其他顾客中穿行，细细地浏览书架，感觉敞开的门外一阵细雨掠过，一时间不太确定我们究竟要找什么。就在那里！在桌上的书堆里，或是在书架满是灰尘的最下层，我们偶然发现了它。这不过是一本寻常的书。这种书可能印了五千册、五万册，甚至五十万册，但这一本就像是专门为我们定制的。从前，我们翻开第一页，于是宇宙也随之开启。

||||||||

十一月，一个阴雨的星期二，临近黄昏。我喜欢在这种时间逛书店——下午短斜的光线和此刻的安闲将一切都拉近了：书架，书，还有在狭窄过道里埋头寻书的三两顾客。柜台里一个店员对着橱窗发呆，在黄昏高峰来临前稍事休息。我来找一本书。

近来我有种突然和莫名的买书冲动。我去了城里的数家书店，尽管那里有成百上千种图书，却没有找到可以抚平我的冲动的那本。我并非无书可读，我的床边有一摞没有读过的好书，更何况我的客厅里还有成架的书打算再读。恼火的是我发现我渴望的是“下一本”，但我又不知道它是什么。我不再试图去分析这种渴望，我屈服于折磨我大半生的痴书症已经很久了。我很明白这种“病”况，感到不久就将有所斩获。

这个阴雨的下午，妻女都出门了，我有几个小时要消磨。“消磨时间”，这真是一个怪词：我们几乎总是想找回时间，增加时间，激活时间，实际上就是要更紧地把握时间。还有什么地方比书店更适合于享受节省出来的时间呢！我转过街角来到邻近的书店，过去三天我已经细访过两次。但似乎还是值得再来，何况天气也合适。我会待上五分钟或一个小时，都没什么关系。但我知道我一定会买上一本什么书回家，在塌陷的绿色安乐椅上享受失而复得的时光，绝对独处。

我按照习惯的路线在书店里巡视着，扫过排列整齐的新精装书的封面和一墙最近出版的平装书，随后是期刊区。虽然昨天上午刚刚来过，但每天都有新书运来；尽管今天没有什么令人瞩目的东西，重温老书也是一种喜悦：琢磨那本关于罗盘历史的图书，或浏览这本小说中的月球照片，或欣赏这些图书的开本和装帧。我处于一种亢奋的状态——我想是因为下雨——我被狭窄山谷的幽闭气氛引到了小说区。

其他顾客均匀地分布在书店各处，好像他们的兴趣是按照指定的书岛确定的。每个人都拿着一本书。有人在阅读正文，有人只是浏览封底。我认出其中一位长者是我的邻居，身着黑衣，头戴皱巴巴的牛仔帽。他梳着一条细细的小辫，留着惠特曼式的胡须，手持华丽的银头手杖。今天，他在神话类图书的顶层架子上翻找，不时从排列整齐的书中抽出一册，快速地浏览。

我是书店偷窥老手，早就知道我的这位点头之交一般只读鼓囊囊的科幻小说或希腊文和拉丁文的经典原作。我承认，偷窥别人看什么书——比如在公车上或咖啡馆里琢磨让某个人如此入迷的是什么书——是一种招人烦的习惯。其实我对书本身并无褒贬，只是好奇而已，更多是带有一份私心——也许会在路人手中看到我要找的书。

我转向小说墙看着封面朝外摆放的图书，架子上新近流行的小说，封面一律朝外，它们都挺招人，但还不入我的法眼；于是我扭头向右，扫视着排列紧密的其他小说的书脊，依然没有收获，我感到有些失落。在书店工作十七年，再加上之前和之后逛书店的时间，算起来就更长了，作为一个痴书症患者，我看过的书架至少以百万英尺计，我应该可以摆脱这种诱惑，这种使我痴迷的小魔法，但我摆脱不了，我仍然是书蠹，贪得无厌。就在这时，我看到这些天我要找的那本书，就在那里，就在书架的底层，尽管我从不知道有这么一本书。

安德烈·普拉东诺夫【12】的《美好而狂暴的世界》是一本短篇小说集。书名固然诱人，但是这本书本身，它的质地、它的美丽和给人的感觉，也使我动心。我知道，普拉东诺夫是位勇敢的苏联作家，身处极权统治下却写了许多反对极权的小说，是那个时代的偶像。编者的前言将他的小说比作极权国家生活的刺耳寓言。这不是本新书，写于二战之前——重印本也已出版数年。《美好而狂暴的世界》是一本薄薄的平装本，但装订结实。封面是一张未来派螺旋建筑的黑白照片，紫色的方框衬着鲜红和白色字母拼写的书名。书脊使用同样的色彩，太空时代的紫色和红色，优雅简单的字体。我俯身从书架底层拿起书，用手拂去上面的灰尘，用手掌掂量了一下，然后打开书：纸张厚实且润滑，手感很好；最后的几页一反平装本的简陋，居然又是夺目的紫色。我将书夹在腋下，买了。

但我还不急于离开书店。就像其他同好一样，我喜欢待在这个舒适的地方，喜欢独处于人群之中。

||||||||

与众多痴书症患者一样，我生活的环境不太会使人产生对图书和书店的痴迷。我生长在加州的圣何塞，位于旧金山以南五十英里的一个富裕但毫无文化气息的小镇。七十年代初，当我还是一个高中生时，圣何塞没有一家世界水平的书店——没有城市之光书店、莎士比亚书店、布莱克维尔图书公司[13]和斯特兰德书店[14]——但书店还是有几家。

我贪婪读书并成为书痴是在十五岁那年，在我发现《愤怒的葡萄》之后。当时我对书店的氛围和声望并不关心，只要有书就行。

当我要买新书的时候，就去设在当地最大的购物中心阴暗的地下楼层里的戴顿书店[15]，或设在附近路边商场最里面的小教授图书中心[16]。我买过普及版的斯坦贝克[17]（六个月内买齐了全部单行本）、契弗[18]、厄普代克[19]（买了不少轰动的作品）、冯内古特[20]、海勒[21]、巴斯[22]、巴塞尔姆[23]、品钦[24]等人的作品。我读书没有什么具体的目的或计划，只是任由一本便宜的平装本封底的新书介绍引领我游荡到另一本。

每个周四的晚上，我都要陪母亲去一家叫“溪谷集市”的购物中心。每当她做头发的时候，我就去隔壁百货店的图书区，我的第一本精装图书——“现代文库”[25]版的《萨基故事全集》就是在那里买的。当时我对萨基[26]一无所知，只知道这是某个作家的笔名（这对少年可是有神秘感的），我只是喜欢“现代文库”图书红、蓝、绿色的布面，而萨基是最便宜的，只要两美元九十五美分。我曾从这家书店偷了一本精装的《列侬回忆》，将它塞到我哥哥的海军陆战队战斗服的大口袋里。但在一年后，当我发现斯坦贝克和阅读的快感后，就不再去偷书了。

我经常一头扎到圣何塞脏乱的商业区，在州立大学周围巨大的旧书店的迷宫里转悠。店员并不管我，所以我可以坐上几个小时，随意地浏览，有时也会去偷看旧的《花花公子》。

我对书店的痴迷不断加重，以至在家庭出游时都要寻找新的书店，好像这就是旅游的目的。在加州的各个城市：蒙特利、旧金山、圣塔芭芭拉、洛杉矶和伯克利，我都发现不少书店，那里的气氛与我家附近的全然不同。在那些书店里，书不仅仅被当作商品，还可以感受到人们对书和读书时间的尊重。那是七十年代，书店的装饰——黯淡粗糙的墙板、盆栽的植物和褪色的窗帘——都衬托着这种尊重。高中的最后两年里，我还不知道从我家骑车不远就有一家设有咖啡馆的书店——“狂妄的乌鸦”书店。我要专门去一次，既然是特地去，我就想着要找一个女伴显摆一下。

狂妄的乌鸦书店位于李子园内，这是一个占地很大的、新西班牙殖民风格的二层高档露天购物中心，有鲜花夹道、顶棚遮阳，有砖饰的喷泉，有假的钟楼，以及陶土的屋顶。李子园将购物美化成闲庭信步，完美的加州时光，我已经听说那是取悦女孩的绝佳场所。我的女伴可非同一般。我是和漂亮的塞琳达一起去的，但是当我们来到这个奇幻的洞穴后，我渐渐地把持不住我那少年的矜持。

狂妄的乌鸦书店的老板在营建商店氛围方面领先其他同行数十年，他们建立了一个类似主题公园的商店，使得环境（我肯定他们认为这是一种“格调”）和商品一样诱人。那里有外文期刊、棋盘、许多阅览桌和安乐椅，为了呼应英国咖啡馆的传统——约翰逊博士[27]的《闲聊者》中的那种情调，他们将十八世纪的咖啡馆变成一个公共机构——狂妄的乌鸦书店，在我们周边建立了第一家意式咖啡馆。

这家咖啡馆兼书店的墙上挂满了镶着镜框的作家肖像和照片，那时我还孤陋寡闻，居然都没有听说过他们的鼎鼎大名：乔叟[28]、吉卜林[29]、伍尔夫、爱迪斯·斯特韦尔[30]、格林[31]、E. M. 福斯特[32]（不知为何他在那张照片里打扮得像是维多利亚女王），还有许多其他人的，其中多数都是英国人。标签上打印着他们的名字，我大声地读着以图记住他们。在这个新地方有一种亲密的历史感，一种过去时代及其传奇的重要性，一种像我这样成长在没有历史的加州的年轻人感受到的历史感。其实最令我触动的是这些人作家的生平。他们的照片不仅是装饰，他们的作品放满书架。

书店的名称就能让我感受到与过去的联系，尽管只是凭借直觉。一位妒忌诗人莎士比亚的同代人，罗伯特·格林【33】，就把莎氏称作“狂妄的乌鸦”：

> 可别信他们；因为有这样一只狂妄的乌鸦，
> 装饰着我们的羽毛，用演员的外表
> 掩盖着虎狼之心，期望自己就能够
> 像你们中最优秀的一样出口成章……

这首诗被印在书店的书签上，上面还印有一只列昂纳德·巴斯金【34】画的乌鸦。我明白了：这证明这个世界上有一些人，一些不是高中教师的成年人，他们懂得莎士比亚、书和写作的重要性。

我依然保存着这样一个书签，还有其他一些来自狂妄的乌鸦书店的东西，一把船长椅、一个白净的咖啡杯，都是我在四年的幸福时光中偷来的。但配有长短合适的肩带的橙色书包没有了。它和其他很多东西都遗失了。

书店令我入迷的不只是气氛。那里不仅有好几书架介绍猫的图书，图片精美，价格合理；有成排的面向大众的自助类图书和言情小说；还有那些照片被挂在墙上的作家和许多其他作家的著作，所有的图书都陈列得很诱人。我要找的那些书在其他书店总是被塞在偏僻的角落里或楼下，而这里对所有的图书都做宣传，我惊讶得目瞪口呆。我在书架和书桌间穿行，不知不觉来到小说区的S部，在那里我看到一些我已经买过和读过的书，但他们现在的装帧使我惊讶。

《长谷》是我喜欢的斯坦贝克小说，我的那本是小开本的普及版。狂妄的乌鸦书店出售的是维京出版社[35]“罗盘”丛书的平装版，字体漂亮，封面是严肃的表现主义设计。我不用翻书就已经感受到其中文字的力量。

塞琳达和我坐在咖啡座里，喝着施拉格咖啡，我并不知道它是这种口味，幸好加了掼奶油。那天晚上离开书店时我买了一本《长谷》，并向前台索要了工作申请表。

||||||||

书店的好处就是可以常去，但我为此花费的时间多于钞票，这全是因为尽管我一再申请，狂妄的乌鸦书店在差不多两年的时间内就是不雇我。我平均每周都要去一次，似乎我的不懈努力会给我带来工作；我填了三次申请表，其实就是

一份关于文学知识的考卷。第一次我就错了一道题：唐娜·梅赖齐[36]的作品属于哪类？（艺术与工艺）。那个叫夏洛特的经理为人友善，但在雇用高中生方面却很谨慎。在大学一年级的暑假，夏洛特终于给了我一个临时的整架工作，我想她是实在受不住我的花言巧语。我当时就觉得我会被转正的，毫不犹豫地中断了在“7-ELEVEn”卖冷饮的远大前程。

我在狂妄的乌鸦书店第一周的工作就是把成箱的企鹅平装图书上架。一开始我还有些胆怯，只是一点儿一点儿地将那些绿色、黑色或黄色的图书从错误的架位放到正确的位置，但很快我就先按主题和字序排好，一次抱上二三十本。我被这些图书的重要性，也被我对图书的孤陋寡闻所触动，也许就在此时我明白了人生短促而书海无涯。

在第一周的最后一天，在运送新出版的精装书时，我碰到了一本让我难以割舍的书：新近出版的斯坦贝克遗著《亚瑟王及高贵骑士行传》，封面模仿彩绘的手稿，毛边切口，护封下面是褐紫色的布面，崭新、挺括。我已经读过斯坦贝克已出版的所有著作，自认为在这方面已是无所不知，所以这本书就我看来简直是天外之物。而且在我面前，居然还有五册。夏洛特试图劝我不要买，她自有其道理。这本书即便打折也要花掉我五个小时的工钱。另一位店员，格蕾塔·瑞，走到我身边，用手轻轻拍了拍那本书，说道：“真漂亮，不是吗？”它确实漂亮，于是我还是买下了。

我想我是找到了一份我只能形容为“酷”的工作，然而感觉要更深切和复杂，就像是找到了一个适合居住的城市。多年之后我依然琢磨不透那天我究竟悟到了什么，是什么把我吸引到书店。然而这份难以名状的顿悟并不减轻它对我的魔力。我一直认为，图书承载着我们的思想和想象，使它们充实人间；一间书店就是一座城市，我们日渐完善的精神自我居住其中。

当我上完那天的最后一批书时，那些书仿佛变成城市里灯光闪烁的窗口，诱惑地显露出居住在封页之间的百态人生。这已不仅仅是生意，这是快乐，精神和肉体的快乐。我还觉得那些在这个城市的街道上游荡的顾客和店员是群志趣相投的家伙，他们相信图书以及它所包含的内容是一致的，既普通又珍贵。

那天我离开书店时已是暮色苍茫，我向格蕾塔道别。她坐在长长的前台后面，背后是高高的窗户，窗外是带有顶棚的过道和停车场。她要再看看斯坦贝克的《亚瑟王及高贵骑士行传》。她满脸柔情地望着那本书，“天哪，”她轻声说道，“它太美了。”我们站在那里聊了很长时间。格蕾塔·瑞对我始终是个惊奇，我从未想到会有那样的人。她与我母亲岁数相近，属于二战后期的那代人，但又与我有限的人生阅历中的典型家庭主妇截然不同。要是在一九七六年我会称她为“嬉皮士”[37]，完全是该词的正面意思，不过“波希米亚人”[38]应该更合适。我生长于一个传统勤劳的军人家庭，而格蕾塔却是过着那种我以为只有书中才有的生活。

她留着充满活力的短发，拥有红红的脸庞和美洲原住民那种美丽的瘦削身材，以及湛蓝的眼睛。她的衣着是那种真正的北加州嬉皮士风格：牛仔裤，有时还打着补丁；农妇衫，在勃肯[39]名声变坏之前总穿这个牌子的凉鞋；她戴着极漂亮的银饰，是她的丈夫用战前的澳大利亚硬币做的。她的丈夫杰克是逻辑学教授，也是作家、画家和长笛手。我听说他们是在洛杉矶的海滩上认识的，那时是四十年代末，爵士乐和跑车正大行其道。他们在五十年代吸食大麻，是最早一代的反越战分子。当鲍勃·迪伦用电吉他开演唱会时，他们是如痴如醉的听众。他们的孩子上的是一所名叫“拂晓”的另类学校。他们家里挂的油画都是原作，其中有一幅是杰克的“跳舞的逻辑学家”。格蕾塔认为 Kinks 是世界上最好的摇滚乐队。

她也是我遇到的最博学、最如饥似渴的读者，除了抚养孩子，帮助杰克撰写和编辑论文，还在若干家书店工作过。她的第一份工作是一九四九年在加州长滩的芭芳百货商店。她原本是在街对面的一家音乐商店工作，但常光顾芭芳地下室的收费图书馆，所以他们给了她一份工作。她还曾在史密斯书庄、爱荷华图书与设备公司、基特书店，以及后来的普林特斯图书公司工作过。当我认识她时她已在狂妄的乌鸦书店工作了五年。

当我还是书店的顾客时就曾和格蕾塔交谈过几次。在大一时，我发现了尚不出名的雷蒙德·卡佛[40]的第一本短篇小说。我从学校的图书馆借了一本《请你安静些，好吗？》，一读就入了迷，但在寒假里我转遍了圣何塞也没有觅到。我请格蕾塔为我专门订一本，她居然知道这本书，向我大谈了一通卡佛。我还以为就我一个人发现了他呢！

后来，当我在书店干了一阵临时的整架学徒（有点像餐厅服务员）后，我的脑子装进了成千个新的书名和作者名，我被转为正常班，开始有更多的时间与格蕾塔接触。她告诉我收银机、物流系统、顾客服务和委托订购、店面陈列和上架等知识，其中许多都是雇员培训手册里没有的。

||||||||

开始几年格蕾塔和我上夜班，那可是完全不同的世界。我们下午四点接班，等到关门和清洁工作结束时已经是午夜时分了。因为大部分的订购和整架工作已由白班经理完成，

夜班两个店员的职责就是开门营业。既然不忙，我们就有时间享受一番自由空间。

咖啡吧设在灯火通明的店堂后部，就像是一个幽暗的洞穴，里面摆放着桌椅。我总是提前到达，溜到吧台后面喝上一杯苏门答腊咖啡，和侍者聊上几句。她们都是和我一样的学生，通常打扮得要比店员古怪——染发，戴多个耳环，身着旧货店买的黑衣。我经常在吧台一边和一些常客闲聊，一边注意有什么人会在咖啡区：象棋先生、塔罗牌女士之类的。有些常客一连数月甚至一年天天都来书店。他们在固定的时间到达，待上几个小时，尽管我们每天都会聊上几句，但几乎不知道他们姓甚名谁。那时的一个常客中的常客叫左尔坦，一个三十来岁看上去不愁吃喝的家伙，每天要在咖啡区待七八个小时。他把秘不示人的笔记放在厚厚的活页夹中，愿意讨论社会哲学而不是天气。直到十年后书店歇业之前，左尔坦一直天天登门，所以我们都假定他是以书店为家了。

也有一些稀客或半常客会在铁木桌边的船长椅或藤椅上坐会儿。朦胧的灯光，成堆的书报，弥漫着一种慵懒的气氛。书店和咖啡馆真是天然的盟友：都不在乎时间，都提倡悠闲。

傍晚时格蕾塔坐在前台后面察看顾客委托购书单，她不时喝口咖啡，不停地抽烟，因为大多数人不会填写简单的表格而骂上几句。我们放从家里带来的录音带：格蕾塔用磁带目录给我启蒙爵士乐，我最初听过迈尔斯[41]，克特兰[42]的音乐以及电影《爵士乐手 Bird》的主题曲。我们给顾客打电话，接电话，享受其间的宁静。

咖啡喝完了，我就离开咖啡吧去整理书店，这是没完没了的活（虽然比“西西弗”轻松许多），在傍晚书店的高峰期来临前，一切都井井有条，但十有八九又会变得乱七八糟。

当班的其他时间就是帮人找书。说真的，这是一个简单的工作，经常是顾客已经知道确切的信息，只需要将他们带到架位就行。但有时找到一本正确的书需要像福尔摩斯探案一般：谁能猜到嘴里说是“足球运动员罗杰”，其实指的是罗热（Roget）的《英语单词与短语汇编》呢？

不管走多少弯路，把正确的书交给正确的人总是令人欣慰，但令售书人最激动的是让顾客出乎意料地得到一本需要的书。我记住维多利亚·麦克尔伍拉格是因为这个名字很怪，她是我的第一个使之出乎意料的顾客。现在我对她的印象已经淡漠，只记得她穿着一件棕色的防雨服，总带着年幼的儿子。我们第一次见面时，她告诉我她只读过一些垃圾畅销书——她的原话——想读点其他的新东西；她想读女人的真实故事。我把她领到小说架前，递给她一本蓝银色的尤多拉·韦尔蒂[43]的小说《乐观者的女儿》。麦克尔伍拉格太太怀疑地打量着书，但还是买下了，过了一周她来买了韦尔蒂的其他小说，以及我向她推荐的任何书。

高峰时间过去后格蕾塔和我又会在最后一小时左右再次整理书架，然后在十一点关门，在点钱和存钱之前我们先来一杯铁锚牌啤酒[44]。我们一边打扫卫生，一边在大声播放的尼尔·杨[45]、创世纪乐队[46]或那个星期发现的任何唱片的音乐中扯着嗓子交谈。

在那时的某个夜晚，关门之后，听着《盖兹 / 吉巴托》[47]，格蕾塔交给我三本书，严厉地说道："现在，妈的，刘易斯，别出声，听我说。这些书你必须要看，我要说的就是这些。"她给我的是威廉·福克纳[48]的《喧哗与骚动》《E. B. 怀特[49]文集》和莫里斯·桑达克[50]的《格里格里砰！或生活中一定还有别的什么》。于是，三个完全不同的世界在我面前打开了，三十年后我仍然看这些作者的作品，他们的世界仍然在我心中。"而且，"她指着这些书又说，"看看这些书，它们有多美。"

咖啡吧关门了，停车场像空旷的苔原，格蕾塔和我常常还要待上很久，装上新的磁带，随意地在书架上翻阅图书，我们的热情舞动着翅膀。与我们的书在一起，我们很快乐。

那天晚上开始的谈话迄今已持续了二十年。格蕾塔和我在开始的十年里每周一起工作四十小时——四年在狂妄的乌鸦书店，六年在帕洛阿尔托的普林特斯图书公司。她看着我度过了大学生活，我的初次婚姻，我的第一次精神失常，随后的发作，我的第二次婚姻，和我女儿的出生。我曾在各种情况下住在格蕾塔家里，睡在沙发或地板上。我们曾一起为她离世的丈夫、她最亲近的朋友和她最小的儿子送别。尽管我们的友谊远远超出对书籍的热爱，但这种爱始终处于中心，至少对我们而言，在书籍和世上的生活之间不可能存在任何界限。现在我们每年大约见六次面，但每周要打两三次电话。她总是在早晨打来电话，每次都是呼吸急促地说："你读过……了吗？"

格蕾塔在那个夜晚以及后来一直要告诉我的是：书籍是朋友，我们并不孤独。

【1】John Irving（1942－ ）：美国小说家。著有《独居的一年》《新罕布什尔旅馆》等。

【2】Elias Canetti（1905－1994）：英籍犹太人小说家、评论家、社会学家和剧作家，出生于保加利亚。1981 年获诺贝尔文学奖。著有《群众与权利》等。

【3】Sylvia Beach（1887－1962）：美国书商。因开办莎士比亚书店，出版一些当时极具争议的文学作品而出名。

【4】由西尔维亚·比奇于 1919 年在巴黎创办，是当时浪迹巴黎的文人，尤其是“垮掉的一代”作家的聚集地。

【5】James Joyce（1882－1941）：爱尔兰作家和诗人。代表作包括《都柏林人》《一个青年艺术家的肖像》《尤利西斯》《芬尼根的守灵夜》等。

【6】Lawrence Ferlinghetti（1919－ ）：美国诗人，20 世纪 50 年代避世运动的发起人。

【7】由劳伦斯·费林盖蒂和彼德·D. 马丁于 1953 年在旧金山创办的书店，成为避世运动作家的聚会场所。

【8】Allen Ginsberg（1926－1997）：美国诗人，“垮掉的一代”的代表人物。他的诗歌反映了美国年轻一代的身心焦虑与文化反叛。

【9】由伍尔夫夫妇于 1917 年创办的出版社。

【10】Virginia Woolf（1882－1941）：英国著名小说家。凭其独特的意识流小说理论和意识流小说文本，成为了这一流派的代表人物之一。她也被认为是 20 世纪现代主义与女性主义的先锋之一。

【11】Marcel Proust（1871－1922）：法国20世纪伟大的意识流小说家。他的代表作是超长篇小说《追忆似水年华》。

【12】Andrei Platonov（1899－1951）：苏联作家、诗人、记者。1946年因发表短篇小说《伊凡诺夫一家》而遭受当局的不公正待遇。

【13】由英国人本杰明·亨利·布莱克维尔于1879年在牛津创办。后在美国俄勒冈州波特兰市开办了美国分公司。是世界著名的学术图书供应商。

【14】本·巴斯于1927年在纽约创办的书店。经营新书、旧书及珍本图书。

【15】美国第二大购物中心书店运营商，成立于1967年。现为巴诺书店所有。

【16】成立于1969年的美国授权制连锁书店集团。

【17】John Steinbeck（1902－1968）：美国小说家。作品多以农业工人为题材，代表作为《愤怒的葡萄》。1962年获诺贝尔文学奖。

【18】John Cheever（1912－1982）：美国小说家。他创作了一系列风格独特、魅力独具的短篇小说，描写了普通人的普通生活。

【19】John Updike（1932－2009）：美国小说家。他写了著名的“兔子系列”，堪称研究美国当代社会文化的“断代史”。

【20】Kurt Vonnegut, Jr.（1922－2007）：美国小说家，黑色幽默文学代表人物之一，其代表作是《第五号屠宰场》。

【21】Joseph Heller（1923－1999）：美国小说家。其代表作是《第二十二条军规》。

【22】John Barth（1930－ ）：美国小说家，后现代文学的领军人物。著作有《客迈拉》。

【23】Donald Barthelme（1931－1989）：美国后现代主义小说家。其代表作是《白雪公主》《死去的父亲》。

【24】Thomas Ruggles Pynchon, Jr.（1937－ ）：美国小说家。代表作有《V.》《万有引力之虹》《葡萄园》。

【25】“现代文库”是由20世纪20年代美国出版社Boni and Liveright出版的丛书，旨在向美国年轻读者介绍欧洲现代主义作家的作品。不久该丛书由兰登书屋接续出版至今，是美国最为著名的文学丛书之一。

【26】Saki，H. H. Munro（1870－1916）的笔名。英国作家、记者。作品有《和平的玩具》等。

【27】Samuel Johnson（1709－1784）：英国诗人、评论家、辞典编纂者。

【28】Geoffrey Chaucer（1343－1400）：英国诗歌之父。著有《坎特伯雷故事》等。

【29】Rudyard Kipling（1865－1936）：英国短篇小说大师、作家和诗人，也是英国第一位诺贝尔文学奖得主。

【30】Edith Stiwell（1887－1964）：英国女诗人和文学批评家。作品有诗歌《外表》等。

【31】Graham Greene（1904－1991）：英国当代著名作家。著有《斯坦布尔列车》和《权力与荣耀》等。

【32】E. M. Forster（1879－1970）：英国小说家、散文家。著有《印度之行》等。

【33】Robert Greene（1558－1592）：英国散文家。

【34】Leonard Baskin（1922－2000）：美国雕塑家、插图画家。

【35】Viking Press，1925年成立于纽约，主要出版文学作品。签约作家中有多人获得诺贝尔文学奖、普利策奖及美国国家图书奖等重要奖项。现为企鹅兰登集团旗下品牌。

【36】Donna Meilach：现代工艺美术家，主攻铁艺。她也是位多产作家，著作涉及多个领域。

【37】20世纪60年代参加美国反抗主流社会的道德规范，寻求简单、自然的生活方式的年轻人。

【38】喜欢过放荡不羁、居无定所生活的文化人。

【39】Birkenstocks：德国著名的鞋品牌。

【40】Raymond Carver（1938－1988）：美国简约派小说的先驱作家。以其冷峻的笔法，深刻反映了美国20世纪六七十年代中下层人民的困境。

【41】Miles Davis（1926－1991）：美国爵士乐小号手。他的演奏以缓慢、幽怨、歌谣味重而闻名。

【42】John Coltrane（1926－1967）：美国爵士乐萨克斯演奏大师，是20世纪五六十年代最出色的音乐革新家之一。

【43】Eudora Welty（1909－2001）：美国当代小说家。

【44】Anchor Steam Beer：加州本地产的老牌啤酒。

【45】Neil Young（1945－ ）：加拿大歌手，后移居洛杉矶。涉足创作及电影等多个领域，曾获格莱美等多个奖项。

【46】Genesis：创立于20世纪60年代的英国摇滚乐队。全球销售唱片超过一亿张，曾获格莱美等多个奖项。

【47】*Getz/Gilberto* 是美国萨克斯手斯坦·盖兹（1927－1991）和巴西吉他手乔阿·吉巴托（1931－ ）合作的一张唱片。史上最畅销的爵士乐唱片之一。

【48】William Faulkner（1897－1962）：20 世纪 20 年代美国最重要的小说家和南方文学派的创始人。诺贝尔文学奖得主。

【49】E. B. White（1899－1985）：美国散文家、评论家、童话作家，曾任《纽约客》专栏作者和特约编辑。最为人知的作品是童话《夏洛的网》。

【50】Maurice Sendak（1928－2012）：美国第一位获得安徒生插画奖的儿童插图画家，拥有“童话界毕加索”的美誉。

魔箱

没有孩子会立志做一个书店店员。在我的书痴症发作之前，我曾想做这做那：宇航员、深海潜水员、天文学家、橄榄球运动员、海军陆战队员、单口相声演员和摇滚明星。大多数人对书店店员这个行业的印象是：坐在椅子上，喝着茶，一手拍着小猫，一手捧本简·奥斯汀的小说——虽说是安逸自得，但没有一点刺激和豪气。我们不能主宰生活，不知道命运会将我们带向何方，不知这是福是祸；反正不是每个人都当了消防员。

我生活中的转折点似乎都是偶然和不经意的，但历经岁月后回首往事，却发现我的宿命还是有迹可循的。十二岁时，披头士乐队的《修道院之路》给我造成巨大的困惑，如此美妙的歌声来自何方？它是怎么创造出来的？为什么就在一星期之前我还认为鲍比·戈尔兹伯勒[1]傻乎乎的民谣《蜂蜜》很来劲呢？我第一次听《修道院之路》就改变了我看世界的方式以及我的志向:“再见了，橄榄球手”，“你好，摇滚明星”。但我在高中二年级时看的一份图书报道，让我发现了文字的力量，因此又屈服于阅读的冲动。然而，难道不是披头士乐队开启了我对世界的想象，从而以某种方式帮助我理解了斯坦贝克吗？

当我开始在“狂妄的乌鸦”工作时，我对书业怀有一种令自己都惊讶的痴迷。它绝不仅仅是一份勤工俭学的工作，它将是我终身的职业。这是一个似乎不可思议的选择，像是受到神的指定、召唤。

多年以后，一次偶然的回忆使我想起我痴迷于书业的另一个根源。我在小学时真正喜欢的东西之一是学乐出版社[2]的《读者周刊》，一份在全国的教室中免费传阅的报纸。它发表关于时事、体育和自然界的短文，还刊登笑话、智力测验和漫画。《读者周刊》提供了令人愉悦的阅读经历，读者的乐趣之一是出乎意料地获得一份赠刊，我得到这个优惠时都激动得发晕。然而，最大乐趣还是根据附送的图书目录订购和收到我自己的图书。据我的记忆，这份目录共四页，双色印刷，登有图书封面的黑白照片。在《读者周刊》时代，我花费了大量时间看书——懒洋洋的下午，二十二个脑袋趴在书本上，叽叽喳喳，迷迷糊糊，老师也是睡眼惺忪地浏览目录。我寻找那些封面漂亮，书名显示有可能是描写魔幻、神话或战争的图书。当我看完一遍，照例回到第一页，细细地阅读内容梗概，权衡是否订购。

到晚饭时我通常已经做出决定，我的钱可以买三至四本书，每本二十五到三十五美分，三十五美分的书要厚一些。我在勾订单时尽量把叉打得粗一些，这样就不会出错；然后沿着虚线剪下来，和父母帮我点好的硬币一起装进信封。第二天把丁零当啷的信封放到老师的桌上，然后就是盼着书的到来。对一个九岁的孩子来说，等待四到六个星期就像一辈子那么长。

书终于到了。每次总是在我快忘记这些书的时候，书送来了——好像有人故意施了魔法——我透过教室的窗户望着草地上一只胖胖的知更鸟，等我转过头来，书箱已经放在老师的讲台上了。老师会用剪刀划开包装带，拿出一捆捆用皮筋绑着的书，上面附着订单。我的书终于来了，于是这个下午就属于这些薄薄的、漂亮的、有着纸浆气味和鲜艳封面的平装书。《雷达突击队》《月夜凶杀案》《海底之谜》《布莱迪大峡谷历险记》《我的导盲犬》和《马驹传奇》。这天我一点课都听不进，只顾翻完这本翻那本。等到放学铃声一响，我就迫不及待地跑回家去。

无论是在“狂妄的乌鸦”还是在以后的那些书店里，每当一箱箱书到来时我都会激动不已——书箱被打开的刹那，里面的书籍好像自己会蹦出来。我喜欢拆书箱，乐此不疲；即便现在去书店，我也会被那些散乱在过道里的成堆书箱吸引过去——嗨！需要帮忙吗？我相信我的这种强迫症肯定与《读者周刊》、芭博小姐的四年级教室和那些下午懒洋洋的气氛有关。

我女儿在学校也收到一样的目录——每次七八种，分不同的阅读水平——她总和我一起花几个小时做出初选，然后再绞尽脑汁做出最后的决定——在上面打上粗粗的勾。让我宽慰的是她的老师从不当着孩子的面打开箱子，收到的书直接放进学生的更衣柜。我希望这种做法也许使她今后不会以清贫的书业为生。

||||||||

当我第一次感觉到“阅读需要”时，就好像生活中突发了什么事件，使我困惑很长时间。我相信我和家里的其他成员不一样，我比他们强。像其他的孩子一样，我有时希望，甚至还祈祷我是从一个狡黠的吉卜赛家庭领养或买来的，他

们会在某个时候回来找我。

当格蕾塔和我初次共事时，我是大学二年级的学生——从里到外——常常自命不凡，认为自己是家里注定要成就一番事业的那一个，显然要成为……我也不清楚的什么人物，反正感觉比别人强。我常常对格蕾塔说，我的父母不怎么读文学书，我是不是因此高出他们一头，比他们更有教养？我的自得终于惹恼了格蕾塔。有一天她把我叫了过去，我们站在书店中央，当时没有注意那里的书架是什么类的，也许是商业类。

“刘易斯，”她说，“你以为你是谁？你是狗屎。”

我知道，当格蕾塔这样和我说话时就要小心了。她问我的父母是否读书。他们看，但……我妈只看哥特式小说，一摞一摞，没完没了，一晚上看一本。我爸主要看杂志，《圣何塞水星报》《时代杂志》，还有《商船》和《真相》，就是那些每个理发馆都有的男人探险杂志。我试图告诉格蕾塔这些东西是多么低级趣味，我一辈子也不会看，但她坚持我应该对父母心存感激。

父母不必非要读《纽约时报》图书评论或詹姆斯·乔伊斯，他们也不一定要培养孩子读《金银岛》或希腊神话。父母只读他们喜欢的书，但家里要有孩子读的书。而孩子们只要看到大人读书是一种乐趣，耳濡目染，就会开始读他们自己的书。

格蕾塔还教导我，不应规定或禁止儿童读哪些书，应该让孩子们在阅读中形成自己的爱好。后来格蕾塔和我离开狂妄的乌鸦书店，到普林特斯图书公司工作，这家书店位于斯坦福大学附近，那可是一个父母对子女寄予成才厚望的地区。有一天，一对夫妇来为他们十一岁的女儿挑选几本“经典”著作。他们说她喜欢读书，实际上她整天就是读书，但读的都是“垃圾”。那时她的时间都用在读“保姆俱乐部”[3]丛书，没完没了的、千篇一律的关于迷人的“半生不熟的”女孩的小说。这对夫妇希望他们的女儿读一些更严肃的东西，比如《金银岛》或狄更斯。当我为他们推荐图书时，发现他们的女儿就坐在附近“保姆俱乐部”书架前的地板上。她全神贯注于书架上这套丛书中最新的小说，快速地读着，似乎她只需要这一本书。如果我没有记错，那天他们除了买了《艾凡赫》，还买了“保姆俱乐部”丛书中的第三十七本。

||||||||

我小的时候并不是那种特别喜欢文学、如饥似渴地读书，如果晚饭时不把书收走就会躲在被窝里用手电筒读狄更斯，或者做梦都会想着醒来时枕边就会飞来一本书的孩子。但把

我引向“阅读需要”的路是以最重要的方法铺就的，即，我的父母一手导演的。我的母亲原本是要上大学的，但由于遇到我父亲和二战而改变主意；我的父亲，一个佃农的儿子，上完八年级就辍学了。他们的童年正值大萧条时代，因此他们决心不惜代价让他们的孩子接受教育。

在我们安静的（相对于现在以电视为中心的）起居室有长长一书架的书：小说，包括《读者文摘》和家庭图书俱乐部出版的老少皆宜的缩写本；一些传记和科学书籍，比如雅克－伊夫·库斯托[4]的《沉默的世界》，现在还在我的书架上；一本圣经，后面可以填上家庭成员的生卒日期；一本笨重的辞典和彩色地图，那些被标成粉色、绿色和黄色的国家常常让我向窗外望去，梦想那遥远的地方。

我五岁的那个夏天，我的父母在集市上买了一套《世界图书百科全书》，还带着原装的盒子，我记得那真是超出了我们的预算。与一般观念相左的是，孩子们并不仅仅是为了写读书报告才使用这本百科全书，虽然这本百科在写报告的时候确实有用；塞拉神父、巴西和佛蒙特州这些主题会突然在脑海中闪现。但我还会趴在起居室有年头的地毯上长时间地从一个主题翻到另一个主题，从一个条目——比如“可操纵的”——看起，直看到最下面的“敦刻尔克”，或通过粗体的关键词立即跳到词条“氢”。

我的父母每晚轮班给我读书，从狭长的《神话故事绘本》到沃兰德版的《著名儿童故事》，我给我的女儿读的就是它的新版。麦蒂从这些故事中获得的乐趣肯定与我现在得到的大不相同。她是头回听这些故事，觉得插图很漂亮。而我是通过记忆活动的过滤看见和听到这些故事，这些为几代人熟知的故事——《杰克与豆茎》《三头粗嗓子的公羊》和《不莱梅的音乐家》。这些插图使我想起那些久远的夜晚，它们突然显现，就像在昨日：母亲或父亲坐在身边，我舒服地偎在床上，期待着听故事。每一天都是安排好的，固定不变的，到末了父母都会悄声说“关灯”，就像我悄悄地对我女儿说的一样。

多年来母亲保存着好几箱我儿时的物品，她陆续将这些东西还给我，一点一点地重新构建起我的童年世界，为此我十分感谢我的母亲。那些重现在我面前的书不是什么经典著作，而是早已忘却的随便挑选的杂书。她所保存的书中有一些是旅游书出版社兰德·麦克奈利的“小矮人”丛书，回想起来这些书是借着童话故事进行旅游宣传。《傻瓜起飞》讲一个矫揉造作的老鼠跳上水星号进行太空飞行；《小黄车沃克西》中可爱的角色来源于美国第一款袖珍型汽车；《小火车呜呜》是拿铁路的效率来说教。尽管这些书已是明日黄花，但我仍被其中草草画就的风景所打动：积雪的村路、苜蓿茂盛的牧场……我陶醉于这些早已熟知的世界中。那时我喜欢它们，现在我女儿喜欢它们。

父母经常给我们买书，有时是心血来潮，有时是给我们的奖励。绝大多数书是在设于商场的书摊上买的，而不是在书店。我们尤其喜欢去沃尔沃斯百货商店（哎，那里散发着爆米花或烤奶酪便当和巧克力奶昔的味道），我从成堆的填词宝典中挑出一些便宜的精装书，它们或是已改编成电视剧的，或是有关体育的，比如:《天罗地网》《我是间谍》《打击魔鬼》《长传》和《大满贯》。我们还在杰姆科百货商店和雷克萨尔药店买过书。

我在这些书店大多是每次只买一本书，因为妈妈也在图书区挑她自己喜爱的那些哥特小说——菲利斯·惠特尼[5]和维多利亚·霍尔特[6]的——这些书虽然很薄，却是当代言情小说的前辈。这些小说的封面通常是肃穆的黑色或灰色，而不是粉色或深红色，上面画的不是女人被留着飘逸长发的魁梧男士掳掠，而是裹着披肩的妇女独自站立在狂风怒号的悬崖上。但情节却都雷同：男人们拯救落难的女人。妈妈买了许多这类的小说，常常读到一半，才发现已经看过了。

当然，我们这里也有图书馆，我经常去就近的分馆，那是一幢低矮的现代主义建筑，大门没有标记。我仍然清晰地记得在那里度过的那些刮着风的阴暗午后，还有架上包着塑料封套的书，盖日期戳时发出的声响，以及我的带着潦草签名的借书证。初中部的图书馆只有一间屋子，它有着高高的窗户。图书馆员为我挑选了两本很有意思的书:《泰迪熊的习性》，关于一个男孩和他的泰迪熊；以及《埃德·沙利文》[7]。还有《草莓宣言》，一本关于伯克利言论自由运动的日记。我发现，从图书馆借书的问题是每隔两周我就要怀着失落感将一自行车的书送还回去。

我主要还是喜欢一些学乐出版社的书:《百科全书小布朗》《疯狂科学家俱乐部》《荷马奖金》《戏法自学大全》。偶尔我也挑一些看上去像是名著的书，如《哈克贝里·芬历险记》或简写本的《第三帝国的兴亡》。别嫌太厚，告诉你吧，借书并不费事。去图书馆可以看电视，来回还可以骑车兜风。

儿时的书籍是通向自己过去的鲜活记忆之门，这些书并不一定能让我们记起当年读过的故事情节，但却使我们想起读这些书时，我们在哪里，在干什么；记住一本书是记住读这本书的那个孩子。我六岁时我的姑姑咪咪给了我一本向儿童介绍考古学的书，现在只要看见这本书，我就会被带回到圣何塞弗拉德大街家中的卧室，回忆起晚上躺在床上看书，看到书面语“says”应发成“ses”，与“hay”的复数形式并不同韵那一瞬间的情景。我仿佛又看到那褐色的牛仔床罩，上面印着套索和围栏的图案，仿佛又触摸到那些鲜黄色的流苏。想起当年我是一个什么样的孩子。看到一本儿时的旧书，深深地闻一下它的气息，刹那间你也成了活生生的普鲁斯特。

在我的阅读经历中，没有什么鸿篇巨制可以一一道来。对一个书痴，一个不仅仅为获取信息或寻求逃避而读书的人来说，满足渴望其实很简单，只要有印刷品就行。

这是一个普通的故事；根据你的经历填空：当我____岁时偶然看到一本名叫______的小说，在随后的六个月中我读完了名叫________的作家的其他所有作品。

我的经历是：十五岁。《愤怒的葡萄》。约翰·斯坦贝克。

||||||||

我仍然保存着我的第一本《愤怒的葡萄》，它已经皱皱巴巴，用胶纸粘贴在一起。这是我从尤萨斯太太的美国文学课上偷来的，我对它实在是爱不释手。但因为我崇拜尤萨斯太太，出于内疚和对该书价值的欣赏，我还是赔了她一本。

现在，这本书鼓囊囊的便宜纸张的气味让我回想起那个班级：整整一年我都希望切丽·米勒会发现我有多酷；整整一年我都和黛安娜·特克尔恶语相向，没想到几年后居然会和她在“狂妄的乌鸦”共事，并且直到今天还在斗嘴。我还记得尤萨斯太太黑板上方的各种海报，上面写着拟声词“当、当、当”，暗喻“快下课，我们要去玩橄榄球”，还有她用蓝色、绿色和黄色粉笔写的干净的板书。这些都是三十多年前的事了。

我最强烈的阅读记忆是看《愤怒的葡萄》的开篇。记忆中，还是在一个晚上，不同的床罩——橄榄绿色，印着交通标志，墙壁上的披头士乐队海报，录音机上的冰淇淋。我看这本书并不是自己主动去找来的，而是来自表哥查克的推荐。他比我大十四岁，和我们住在一起，已经是商科的研究生了。他推荐《愤怒的葡萄》，说我必须读这本书，否则注定一辈子就是个留着长发啜着可乐的混混儿。因为他显得那么聪明，我只好提耳听命，尽管有些不情愿。在那个年龄段，我们都是听别人的介绍才去看书的。这本书看上去很厚。但那时正好要写阅读作业，我躺在床上，在少年时代夜晚的私密氛围中，毫无准备地随意翻开了第一页：“俄克拉何马的红色原野和一部分灰色原野上，最近不紧不慢地下了几场雨，雨水并未冲裂结了一层硬壳的土地。”【8】

当我凭记忆打出以上几行文字时，我对还能记住这么多而感到惊讶；我只是将“gray”（灰色）拼成“grey”，漏掉了“part of”（部分）和一个逗号。

在我读完第一章时，我决心有朝一日也要成为一名作家，我要读完斯坦贝克先生的其他所有作品，因为我失望地发现他已于六年前去世了。我放下书本，花了相当长的时间，写下了我的第一部短篇小说的前几页，然后又拿起了斯坦贝克，一直读到天亮。

我相信每个痴迷的读书人都有一个最中意的看书地点，我喜欢的是儿时起居室中那把橙色的瑙加海德革躺椅。我属于那种脖子上挂钥匙的孩子[9]，下午时间就是蜷缩在这张椅子里看书，秋日的斜阳密密地洒在白色的书页、黑色的书脊和黄色的书边上。当我看完《愤怒的葡萄》后，我没有挪窝就接着开始看《罐头厂街》。以后每隔两三天，我就会骑上自行车穿过圣克拉拉谷郊区绵延的平房到戴顿小店，用我在纸牌俱乐部洗盘子挣的钱买一本斯坦贝克的书，然后又回到那张大椅子里。

作为典型的孤独的美国少年，我也曾喜欢结伙起哄，打打闹闹，但那些下午给了我思想的启迪、孤独的享受、真正的快乐。我记得在橙色椅子上耗去的那些下午以及我曾经拥有的图书，就像我记得我读过的每一本书一样清楚，但我之所以记得那些下午还是因为这些图书的内容。斯坦贝克的文字，和后来的那些作家的文字，将我带离圣何塞的小天地，进入到新的世界。在一个星期内，蜷缩在大躺椅中，我可以周游肯尼亚或秘鲁，纵览一个英国庄园的衰败，或扬帆前往古拉格群岛；我可以是男人或女人，儿童甚至鬼魂。

IIIIIIII

异国风情并非吸引我们读书的首要因素，吸引我们的还有在书中找到的认同。我的朋友丽兹·斯扎伯拉第一次读海明威时是十四岁，她也是偶然听说有《永别了，武器》这样一本书。她读了一夜，第二天逃课在家把它看完。《永别了，武器》中多次提到苦艾酒，于是被情节深深打动的丽兹冲到她妈妈的酒柜前：咳，有苦艾酒！她倒了满满一牛奶杯，坐在起居室的大椅子上，不时啜上一口，就这么整整看了一天。到了微醺时，她就拍打着座椅的扶手，对着空旷的房间大喊："真的，真的，就是这样的，真的，真的，真的，他什么都知道，一点不错，我喜欢这本书！"丽兹完全忘了时间，没有听见妈妈开门的声音。她妈妈没怎么生气，倒是奇怪她怎么能够坚持喝这么多"干"苦艾酒，要知道海明威笔下的人物也不过喝些更爽口的"甜"苦艾酒。

丽兹独自坐在椅子上看书，却第一次感到与自我之外世界联系的那种强烈冲动：她喝着苦艾酒并深深地感到与米兰街道上的亨利中尉和巴克利小姐的命运休戚相关，战争好像就发生在周边的山峦上。她自己不再是超然物外的了，丽兹确信她就属于这个世界，从骨子里确信在这个世界上还有和她一样的人。

阅读的疏离和认同几乎总是缠绕在一起的，我初次发自内心地感受到它们的交会。尽管《愤怒的葡萄》中的许多场景——加州的中部山谷——离圣何塞只有几小时的车程，但对我仍像月亮一样遥远；我父亲的祖辈来自俄克拉何马，但乔德的困境仍是我所想象不到的。《愤怒的葡萄》之后我又看了斯坦贝克其他以加州为背景的小说——《伊甸之东》《罐头厂街》《煎饼坪》《长谷》等——故事都是发生在萨利纳斯谷地和蒙特瑞海岸，离圣何塞一小时的车程。斯坦贝克用充满深情的笔调描述的风景：松软陡峭的海岸丘陵，“晦暗和朦胧”，还有原生的橡树和熊果树林，这些都是我熟悉的风景；然而通过他的文字，我却好像是第一次看到这个世界，在那时还是我唯一看到的世界，我恨不得趁着斯坦贝克的文字还在我心中激荡，骑上自行车直奔那些山丘去亲自看个究竟。终于，我觉得我认识了这世界上的名人，那些原本像晚夏残留在最高枝条上的杏子一样可望而不可即的名人。

当年满十六岁、终于拿到驾照后，我常常逃课，驾车前往斯坦贝克的野郊游逛。在这些郊游中我最喜欢的地点是罐头厂街，那里有一排粗俗的艺术画廊和被遗弃的沙丁鱼罐头厂房，依然显露出斯坦贝克的世界：锈迹斑斑的锅炉，倒塌的“老乡”棚户，长满暗绿色香草的空地。我四处寻找斯坦贝克最亲密的朋友里基茨[10]博士被盐腐蚀的实验室，透过破裂的窗户我瞥见装着鱿鱼、海葵和青蛙的标本罐，没准斯坦贝克亲自帮助捕捉和制作了这些标本。街对面曾是中国杂货店“文发记”，居民在这里购买大罐的“老网球鞋”酒；就在山丘上，曾是当地妓院“弗洛拉”的地方现在成了一家简陋的意粉店，令我失望。我常常在人工涌浪戏水池的木桩上待上几小时，眺望着大海——这里是一个活泼而有想象力的人游逛的绝佳去处。

在知道斯坦贝克之前我也来过罐头厂街，但只是把它看作观海的好地方。现在，借助斯坦贝克对于他儿时最喜欢的作家罗伯特·路易斯·史蒂文森[11]的思考，我知道我正站在西方世界的边缘，站在历史的尽头，遥望着东方，面向未来。世界因为斯坦贝克而更为广阔，但还是在我的理解范围之内。

||||||||

约翰·斯坦贝克始终是个饱受争议的作家，其被禁的作品远多于最近六十年中任何一位美国作家。生前，他被萨利纳斯谷的居民唾弃，被从他最热爱的地方驱赶出去，而现在萨利纳斯骄傲地吹捧他以吸引旅游者。他经常遭到纽约文学界的诋毁（在他获得诺贝尔奖时，《纽约时报》曾发表整版

评论称他配不上这个奖），至今人们对他的作品仍然是横挑鼻子竖挑眼，只是措辞和蔼了一些：过于简单，太粗俗，不够现代，更谈不上后现代和后讽刺了。然而，自从《愤怒的葡萄》于一九三九年问世以来，他的作品不断再版，他的全集始终位于畅销书之列。

我们并不以销量和知名度衡量一个作家杰出与否，有许多图书销量以百万计，但绝不会流传五十年，甚至五年。在过去的两年内我一直在重读斯坦贝克（开始时忐忑不安，生怕我会发现青少年时期的偶像其实稀松平常），他的作品的深刻和清晰依然令我心动，难以忘怀。在文学史和文化史中斯坦贝克经常被忽视，但我们可以给他一个无可置疑的评价：斯坦贝克的作品之所以重要是因为它们有助于人类的成长——激发了年轻读者求知的渴望，并因此形成观点，继续阅读。也许它们的恰当归类应是“帮助形成世界观”的图书。

斯坦贝克这类作家的著作激励年轻读者化阅读为行动——投身于社会变革中。斯坦贝克本人钟爱马洛礼爵士【12】的《亚瑟王之死》。这些骑士故事不仅使斯坦贝克踏上写作之路，同时也形成了他写作的基本取向：用虚构的方式处理故事及他所描述的世界（我认为大多数评论家在衡量他的小说和故事的价值时忘记了他的这种取向和他的意图）。

罗纳德·里根十一岁时被哈罗德·贝尔·赖特【13】的《那

个尤德尔的印刷匠》深深打动，这是一本当代的基督教寓言。小说的主人公迪克·法克纳组织了一个社区团体帮助不幸的人，小说结尾时主人公前往华盛顿，把他的观念带向全国。里根激动得不能自已，刚看完书就奔向母亲，告诉她他要以法克纳为榜样。里根以后也成为一个伟大的故事讲述者，开始是无线电播音员，后来是总统。看来，一本重要的书并非一定是公认伟大或传世的。

何谓重要的图书，历来是众说纷纭，见仁见智，风格和主题如此宽泛，从儿童的名著选编到我们认为具有文学性或不太具有文学性的小说，林林总总。这些书的一个共性是它们以一种能够为年轻人——比如十二至十八岁——接受的方式，不带说教的，呈现一个生动和完整的世界。

格蕾塔·瑞成长于洛杉矶东区的蒙特贝洛，所住的房子原本属于一个退休的铁路职员，他用一些旧车厢在屋后建造了一间卧室。里面有一个睡觉的隔间，滑门取自厕所（上面写着："停站时请勿使用"），有一个三等车厢的长椅和餐桌，可以变成睡床。格蕾塔的父母开了一家餐馆，所以她的大部分时间是独自在家，在隔间里餐桌改成的床上度过的，与世隔离但又是它的一部分。她的重要图书是什么呢？南茜·朱尔[14]的侦探小说，《飘》和大本的《灵怪故事二十五种》。不是福克纳，不是普鲁斯特，而是南茜·朱尔，早期读物往往是最简明的。要阅读福克纳，必须从南茜·朱尔起步，或者从关于马的书开始。然后读库尔特·冯内古特，或安·兰德[15]，或《时间的折皱》，或《在路上》，或《杀死一只知更鸟》，或“鸡皮疙瘩”丛书。明天的一些如饥似渴的读者完全可能会举出《哈利·波特》是重要的图书，但也有可能许多人举出的书在这个星球上根本就找不到了。

我总是问朋友和熟人帮助他们成长的书籍是什么，我发现一个现象，也许是唯一一致的现象，即当要求这些人说出激发他们读书热情的那些书的具体书名时，这些人几乎都有些面带窘态。“唉，你知道，”他们会说，“就是那堆傻乎乎的关于马的书。”但正是这些想象中的马使我们的心灵得以驰骋。

其实，一本书最重要的是具有强烈的吸引力，将读者引入阅读的情色空间，在那里大脑兴奋而肉体放松。青少年经常产生这样转变的原因很清楚；青春期是探索情色的时期。约翰·欧文将青春期描写成我们开始对所爱的人保守秘密的日子。在这个私密的空间，我们开始发现自我，以及如何从这个自我出发，开辟走向世界的道路。找到一个爱读书的人，给她创造一个舒适的环境和充裕的时间，再给一本好书，接着给另一本好书；然后靠边站。

阅读是一个孤独的、但需要与世界联系的行为，不是所有的爱书人都从事书业，格蕾塔、丽兹、我，还有其他许多人都是被打动我们的书引进了书店，原本只打算待一会儿，却长期留在了那里。

【1】Bobby Goldsboro（1941－ ）：美国乡村歌手。

【2】Scholastic Inc.：美国著名的儿童书籍出版社。

【3】The Babysitters Club：是学乐出版社于20世纪80年代出版的畅销系列小说，描写一群居住在郊区小镇的十一至十三岁的女孩从事临时保姆工作遇到的各种问题及趣事。该丛书共计213种，发行约两亿册，于2000年停止出版。

【4】Jacques-Yves Cousteau（1910－1997）：法国海军军官、海洋勘探家。

【5】Phyllis A. Whitney（1903－2008）：美国小说家。她的书可以归类为悬疑性的罗曼史小说。

【6】Victoria Holt（1906－1993）：英国小说家，真名为Elaenor Alice Burford Hibbert。她以维多利亚为笔名，撰写了一系列哥特派小说。

【7】Ed Sullivan（1901－1974）：美国电视节目主持人，自1948年至1971年主持《埃德·沙利文秀》。

【8】译文引自《愤怒的葡萄》，胡仲持译，上海译文出版社，2004年版。

【9】父母为双职工且白天家中无人照看的孩子。

【10】Edward F. Ricketts（1897－1948）：美国海洋生物学家。1940年曾与斯坦贝克一起在加州沿岸进行过一次航海考察。斯坦贝克根据此次经历写了《科特斯海航行日志》。

【11】Robert Louis Stevenson（1850－1894）：英国诗人、小说家。

【12】Malory, Sir Thomas（约1415－1471）：因《亚瑟王之死》末页作者署名而知其名。

【13】Harold Bell Wright（1872－1944）：美国畅销书作家。据称是美国首位一部小说销量超过一百万册的作家。

【14】Nancy Drew："神探南茜"系列小说中的主角。原创者是Mildred A. Wirt Benson（1905－2002）。

【15】Ayn Rand（1905－1982）：俄裔美国作家、哲学家及公共知识分子。著名的作品是小说《阿特拉斯耸耸肩》。

公司

在光顾狂妄的乌鸦书店的那些年，我正就读于一所不大的教会学校，那里的学生大多注重于实用的商业学位，而非研究从《贝奥武甫》[1]到弗吉尼亚·伍尔夫的英国文学。当我在第一学期看到我的同屋罗利为会计理论绞尽脑汁，而我却在写关于马克·吐温《密西西比河上》的作业时忍不住开怀大笑，就知道我在选择专业上比较明智。何况，我在“狂妄的乌鸦”受到了扎实的商业教育，我学会了如何结算账目、盘货、订购、推销商品和发展顾客。这些都是在实践中得到的经验，但我在“狂妄的乌鸦”受到的教育不仅限于管理小企业的基础知识，或只是扩大到那些在我死前必须看的各种书目，在这里还可以学习更广泛的课程。

我到“狂妄的乌鸦”工作不久，就参加了一个在本地饭店举办的庆祝格蕾塔·瑞加入公司五周年的晚宴。参加者约有十人，书店的雇员、书店的经理唐娜和夏洛特，还有公司的两位老板肯·基治和凯利·坎侬，两人都是无可救药的书痴。我离二十一岁还差好几年[2]，但那是一九七六年，事事都很宽松，于是那天晚上喝了不少酒，比平常过量很多。当晚的话题都是书，我尽力向在座的各位炫耀我的知识，我以为这些足以让他们另眼相看。

当时我坐在肯旁边，他加入到我的胡吹海侃中。我们谈论斯宾塞[3]和阿里奥斯托[4]，德莱顿[5]、蒲柏[6]和约翰逊博士，三行诗节隔句押韵法和八行诗，肯和我都试图胜过对方，肯越是反驳，我就越是要撑下去。肯原先是一位戏剧演员，也是饱读之士——“狂妄的乌鸦”的老板都是——在我们的讨论中他不留情面，而我也有些挂不住脸。值得赞扬的是——这位老师还是照顾到他过度表现的学生的脸面——他把击倒性的重拳留到我们单独在一起的时候。在我们两人去洗手间时，我吹嘘我能用地道的中世纪英语背诵乔叟《坎特伯雷故事》的前十八行。“背吧！”肯说。于是当我们站到便池边时，我开始背诵：“Whan that Aprill with his shoures soote...”[7]我背完了序诗中的“复苏”段：“That hem hath holpen what that they were seeke.”[8]冲水，拉上拉链。肯说他很佩服，但问我是否知道接下来的两行，我不知道。肯冲水，拉上拉链，面向着我开始背诵：“Biful that in that seson on a day/In Southwerk at the Tabard as I lay.”【9】并继续背了下面几行。我灰头土脸地回到餐桌。

虽然狂妄的乌鸦书店的老板们志向高远——那时有四至五家连锁店，到歇业时已发展到近五十家——他们还是选择了一个自己最热爱的行业。他们确实真正地认为，建立“文学”连锁书店的时机来到了，而这绝不仅仅是一种营销的手段。他们严肃地对待文学及其悠久的传统，并期望他们的雇员持有相同的态度。每隔数月肯和凯利就会从中心办公室来给新雇员讲授图书、出版和书店的历史。他们希望教会我们不要局限于结清账目、打扫卫生和了解哪些图书上了畅销书榜，还要有所突破。

一个星期六，肯和凯利拿了一摞书把我带到咖啡吧一个僻静角落，给我上了一堂历史课。首先他们向我传授书的知识。书分“右页”（recto）和“左页”（verso）。精装书的书页要折成若干叠装订，一叠按页码折好的书页叫作“书帖”（signature）；平装书的书页要齐平切纸，然后用无线胶订（perfect-binding）的方法将书页粘在书脊上。“订口”（gutter）、“社标”（colophon）、“毛边”（deckled edge），词汇和术语滔滔不绝。然后他们又带我领略图书发展的历程，从用尖笔刻写的泥板到纸草卷，从古典手抄本到古腾堡活字印刷本，直到廉价平装本。

在讲述书业的历史时，肯和凯利告诉我要牢记书业始终是一项合作的事业，类似于行会的，集体的。狂妄的乌鸦公司之所以在店名后加上“公司”（& Company）[10]，就是因为在这个行业的大部分时间中，作者、出版社和书商原本就是一体的。他们是一群有技术的商人，经常在一个招牌下共同工作。离开“狂鸦”后，格蕾塔和我去了位于帕洛阿尔托的普林特斯公司。它的名称尽管没有表示所有格的缩略符，但也能看出是由许多人共同建立的。普林特斯公司的店徽是古腾堡时代活字印刷机的剪影，它表示我们不是单纯的买卖人。它是我工作过的真正的公司，一家有着长久历史的公司。“听着，”那一天他们总在强调，“听着。”

||||||||

最早有关书商的记录之一，发现于埃及古典时期法老墓的楔形文字碑文中，其中提到一位业者为了生意向一个悲伤的家庭推销他本人编辑的《死者之书》。这种书（绝对是“即兴购买”）与其他殡仪用品——服饰、玩具、食物，等等——一起放入死者的墓穴，作为阴曹地府的导游手

册。对书业而言这不是什么值得骄傲的开端，但却并非失当。与现代漫画中的书商——身穿毛衣抱着猫喝着茶——相反，很长一段时期以来书商一直被认为是恶棍和麻烦制造者，不仅从悲伤的家庭那里挣些现钱，还会传播异端和不同政见的种子。从这个行当伊始，书商就是独立的，少有政府和体制的限制和审查，因此常常成为时下新思想和信息的渠道。

伟大的亚历山大图书馆曾经辉煌了九百多年（公元前三百年至公元六百四十二年），是“全世界各族人民书籍”的宝库。在托勒密王朝法老（他们忠于他们的希腊建造者）的庇护下，亚历山大图书馆的馆员受命将通过繁忙港口的所有文字材料一概没收、复制并翻译成希腊文。到达亚历山大港的船只都要被登船检查，所有被发现的书籍都要被送到图书馆由抄写员誊写，抄本交给物主，而原件由图书馆收藏。

历史学家估计亚历山大图书馆收藏了三十万至一百万件纸草手卷。这些纸草手卷长约五十英尺，十卷才能构成一本书，所以图书馆收藏最多不过五万至十万种书籍，相当于现在一个超级书店拥有的品种。尽管如此，其馆藏在古代还是无可匹敌的，在一个没有多少读者和作者且所有书籍全靠手写的时代，这个数量无疑是惊人的。其馆藏位居群馆之首近一千八百年之久。

亚历山大城因其政治和经济的重要性而被选为图书馆的所在地。在一个帝国和贸易扩张的时代，亚历山大位居欧、亚、非三大洲之要津。图书馆建立在一个潮汐湖和法洛斯岛之间的狭长地带上，安全地隐没在王宫的寨墙内。图书馆外面的街道挤满了喧嚣的商人，其中不乏贩书的商贾。最常用来形容这些书商的词是“肆无忌惮”。

图书馆的馆藏旨在为学者所用，但书商经常贿赂图书馆员盗出某些书籍，抄写后偷运给边远地区的希腊和罗马贵族。这些贵族对书籍的渴望与其说是追求知识，倒不如说是为了炫耀，以至于一位斯多葛派的哲学家问道：“如果书籍之主人一生鲜有时间读书，聚天下之书于一屋又有何用？”然而，书商的这些不端行为却使许多书籍免于湮没，因为亚历山大图书馆所有藏书毁灭后只有这些盗版书籍流传后世。

有多少书籍毁于那些坚信万众只需一本书——比如圣经和《我的奋斗》——的人燃起的熊熊烈火？肯定是难以计数，但可以肯定的是，书的洪流是这烈火阻挡不住的。

||||||||

英语“profane”表示“平凡的、世俗的或渎神的”，源自拉丁语的“profanus”，原意是“神殿墙外的”。就在这里，在亚历山大城墙的外面，我们看到了第一批真正意义的书商，这种模式在其他国家不断重现。在中世纪的欧洲，市场经常建在教堂墙外；在鲁昂大教堂北面门廊下的通道至今仍被称作“le Portail des Libraries”，意为“书商之门”。

即便在比喻的意义上书商也确实是世俗的。当亚历山大城的市场出现时，原先埃及业者那种将书销往一处的做法已经改变，任何人只要有足够银两就可以买到书。在贸易扩张的时代，伴随着文化水平的显著提高——也许反之？——书商开始提供原本只有权贵才能获得的书籍。在此之前书籍是如此珍贵，仅用于政治和宗教；从精英手中解放书籍是一场持久的斗争，书商在这场解放战争中起到重要的作用。

词语的力量，以及阅读的能力都很重要，某些现代词汇折射出知识——文字知识——是一种魔力。我们的词语“grammar”（语法）与“glamour”（魅力）同根；均来自表示“魔力”的一个古词。我们称别人为“witches”（巫师），是因为，或我们根据字源相信，这些人掌握着他们的智慧（wits），他们有学问。随着更多的亚历山大市民成为读者，而不再是听众，他们需要更广泛的阅读题材。亚历山大城的书商不再仅限于提供阴曹地府的导游手册。他们出售言情小说、医书和淫秽的诗歌、科学和哲学小册子、祈祷书，品种如现在一般丰富：无所不有。书商已经成为书店。

||||||||

自从人们在十字路口陈列商品，在中心广场聚会，在城墙外歇脚，市场就出现了。当今的跳蚤市场或购物中心就是这些形式的延续。早期亚历山大城的市场或许是非常热闹的，那是希腊的帝国时代，市场汇集了原本从未交往的人们和产品——食品和香料、织品和工具。但在这些商业活动之外，亚历山大城的十字路口还交换知识。与其他时代一样，当探险和贸易使世界的四方八极不再那么遥远时——探险时代、启蒙时代、铁路时代——文化就得到迅速的提升。跟上新的技术和买卖方法需要能够阅读；而强制性的阅读之后就是选择性的阅读；读书人越多，需要的书就越多；书越多，书店就越多。

亚历山大城也许有三种类型的书店：移动书摊，将书放在地上或推车上；固定商铺，通常设在拱廊下或是独立建筑中；游街小贩，背着货物走街串巷。

书店起源于一个简单的摊位，所谓撂地摊，小贩而已。在早期的图画中——古罗马、中国和日本、中世纪的欧洲，以及阿拉伯国家——书商在集市或市场，将他们的物品摊在毯子上或推车上，然后席地而坐。出售的东西包括医书、各种历书、色情话本、儿童读物和永远畅销的宗教小册子。

我还见过这类的摊位——就在我那个社区的一家自助洗衣店外面，公交车站的前面，差不多每隔一个周六，人行道上就会铺上一张旧毯子，上面整齐地码放着精装和平装的侦探小说。摊主是位有着体面工作的普通人，只是酷爱读书，乐于在周末坐在人行道上，一边读书，一边揽点小钱——精装书一美元一本，平装书五十美分一本——然后毫无疑问地又花在买书上。我在城市的各个地方都见过这样的临时书摊，它们好像在各个城市已经存在上千年了。这是个热闹的地方，我曾买过一些书——瞧见吧，那儿有个书店。还有宅前出售、跳蚤市场、街头摊贩。

我生性不喜欢看侦探小说，但碰到这个家伙的摊位时仍会停下脚步，看看那些花里胡哨的警察探案、庄园凶杀和惊悚小说。我根据翻旧的封面和捐折的书脊判断它们不是赃物。我想使我驻足的正是这种突然的繁荣，它像是长在人行道上的一颗巨大的、奇异的、长满书籍的藤蔓。不，更像是突然喷发出的泉水形成的五彩书池。所以我停下脚步，是必须停下，唯恐错过好书。而且别人也是如此。实际上到黄昏将临的时候，所有的书都被买走了。

||||||||

随着读者和书籍的成倍增长，这种摊贩已经不能应对行业的发展。大型书店成为发展的必然趋势，更重要的是，需要发明更便宜和快速的印刷方法。

在公元六世纪中国发明雕版印刷之前，世界上所有图书的复本都是手工抄就的；而在欧洲，这种现象更是延续到十五世纪末古腾堡发明活字印刷前。书摊销售的书籍多数都是由书商本人抄写，有些甚至就是书商本人撰写的。书商也会向其他商人购买书籍，或与那些不太有诚信的图书馆员和学者做交易，或从急于传播的作家手中获取原始手稿，然后进行抄写。在书业的早期，书商最大的财富就是一手漂亮的书法，最好的缮写员索资不菲。

在亚历山大城的市场上，书籍基本是用纸草制成，这是一种尼罗河流域盛产的植物，将其茎部裁成细条，拍薄，晒干，然后糊成条，在上面书写。再将这些条子粘成长长的卷本，储存在装有松油的陶器中防止虫蛀或霉变。

然而纸草手卷有两个缺点：展开或收拢都需要卷动；尽管纸草质地柔软，取材便利，但容易损坏且不易保存。

纸草逐渐退出市场是出于文化和经济方面的竞争。亚历山大图书馆的馆员们得知小亚细亚帕加马的统治者也在建立一个与之匹敌的图书馆，于是两个国家级的图书馆之间产生了激烈的较量。在为新的图书馆提供书籍的热潮中，书商们制作了成千上万的书籍，使得对纸草的需求急剧增加。在公元四世纪，为了继续保持他们的优势，埃及人决定禁止出口纸草。为了弥补纸草的缺乏，帕加马的图书馆员和书商使用绵羊皮或山羊皮作为新的书写载体，称之为“羊皮纸”，其拉丁文名字“parchment”的意思就是“帕加马的”。尽管动物皮革此前很早就已用于书写，后来在尚未欧化的美洲也沿用很久，但羊皮纸还是显示出极大的优越性。将羊皮浸水后用石灰去毛，刮净、绷平后晾干。制作一部小书也许要二十张羊皮，但边角料还可以当作食物。对了，这也是文书又被叫作“羊皮”的原因。

羊皮纸相对比较薄，且极富柔韧性，可以折叠又持久耐用。正是这种种优点使得纸草手卷向手抄本的过渡成为可行。手抄本已经具有现代图书的形式，由粘贴在书脊上，以书脊为轴心翻动的书页组成。手抄本源自古罗马，他们的会计账本是蜡版做的，边上用绳子固定。由于羊皮纸可以折叠，可以将书页折叠后缝合在一起，成为我们所称的“书帖”，这些书帖缝制在一起就形成了书脊，必要时可以放入一个封套。手抄本相对纸草手卷的优点显而易见：你可以随意翻到任何一页而不需来回卷动。因此，羊皮纸和手抄本很快就风行起来，受到读者和书商的青睐，纸草手卷被淘汰了。

文字可以写在任何东西上。现存最早的一些文字材料，通常是一些税收或其他法律文书，是公元前三千多年，美索不达米亚人书写在泥板上的。这些记录刻在湿的泥板上，然后用火烤干。泥板的优点是不怕火灾，但很笨重。在印度，早期的书籍是用树叶制成的；而在中国和日本，则是以丝绢、竹子和树皮作为书写载体。

IIIIIIII

纸是中国人发明的。据传说，在公元一世纪，一个名叫蔡伦的宦官看见池塘上漂浮着树皮的残渣碎片，于是用筛子过滤池水，筛子上留下一层浆状物，晒干后成为第一张纸。但文献记载，中国人早在此之前的两个世纪就已经使用纸张了。无论传说如何，显然是蔡伦完善了造纸工艺，为此他被册封为贵族。早期的中国书籍是纸质的，被做成卷轴或类似手风琴风箱的折子。

造纸术传遍了亚洲，在公元九世纪进入阿拉伯国家，然后从那里慢慢传到了欧洲。在欧洲，直到十六世纪纸张才得到普遍使用。当时印刷作坊的兴起和识字率的又一次提高，影响到了整个大陆牧民的生计。在此之前，书写在纸张而不是羊皮纸上的文书还被认为不很正规。

纸比羊皮纸或丝绢便宜，比纸草或树叶耐久，而且比以前所使用的这些材料都要轻和薄。手抄本形式比手卷易于运输和保存，而轻薄的纸张使得一本书可以包含更多的内容，可以制作更多的书籍。于是必然的，书籍越来越多，读者越来越多，书商也越来越多了。几乎所有的书商都有一个箱子，放着这个行当所必备的基本工具：墨水瓶和蘸水笔。大多数书商都受雇抄写图书，这种书店业务一直延续到十九世纪。实际上每个书店同时也是一个缮写店，没有这种技能的人（其实是绝大部分人）可以雇用一个缮写员帮助他们写东西：无论是法律或商业文书，还是传递消息或思念远方亲朋好友的信函，甚或由缮写员本人捉刀的动人情书。在缮写店里还可以租赁文具和购买纸张，颇似如今的网吧。从一开始就是书店组成部分的缮写业务，很可能帮助确立了书店的闲散气氛——坐下慢慢地写一封信。

许多书摊，以及后来更为固定的书店，都提供低收费的阅读优惠，人们不用购买就可以看书。阅览一直是书店的一个重要方面，在识字率攀升但书籍仍然较为昂贵的时代，对传播知识起到了重要作用。这种书店外借图书的传统延续到二十世纪，目前几乎已经完全消失了。顾客只要支付少许会员费即可注册，然后就可以按天付费借阅图书。由于书店总是比图书馆更快得到新书，读者就可以尽早地看到它们。二战结束前美国书店外借图书相当普遍，战后的繁荣和消费文化将我们从大量的借阅者变成大量的购买者。

人们购买一个手卷、委托写一封情书或探听当下最时兴的蚂蟥疗法，都可以去书摊。这样的书摊陈设非常简单：一个书商，笔墨纸张，还有一些标价诱人的书籍摊在地毯上。它也可以是一辆推车，有晚上可以上锁的盖板，可以走街串巷，从这个城镇到那个城镇。当买卖相对固定时，其中的一些推车会找到一个固定的地点，在拱廊的街边或教堂的门廊下，借助侧面和后面的墙壁建一个柜台。书摊的固定，形成了一个我们称之为书店的封闭场所；或许书商变得富裕，就可以雇上一两个伙计。书店，一个可以进入和浏览的空间，就是从一个简单的摊位如此演变而来。

【1】7－8世纪流行的盎格鲁－撒克逊民间史诗。

【2】美国国会1984年通过的《全国最低饮酒年龄法》(又称《统一饮酒年龄法》) 要求各州把最低饮酒年龄定为二十一岁。

【3】Edmund Spenser (1552－1599):英国诗人,主要作品有《仙后》等。

【4】Lodovico Ariosto (1474－1533):意大利诗人,主要作品有《疯狂的奥兰多》等。

【5】John Dryden (1631－1700):英国桂冠诗人,主要作品有《奇异的年代》等。

【6】Alexander Pope (1688－1744):英国诗人,主要作品有《夺发记》等。

【7】“当四月的甘霖渗透……”本句及下两句译文均引自《坎特伯雷故事》,方重译,上海译文出版社,1983年版。

【8】“去朝谢他们的救命恩人。”

【9】“在这个时节,有一天/我正停憩在伦敦南岸萨得克的泰巴客店。”

【10】Company有朋友的含义。英语的公司名称后面常用“& Company”代表未列入公司名称中的合伙人。

书城

在“狂妄的乌鸦”度过了幸福的四年之后，改变的时间到了——一九八〇年，我跳槽到普林特斯公司工作。这是一家位于帕洛阿尔托的大型独立书店，虽然从“狂妄的乌鸦”向北只有二十分钟车程，但它坐落在斯坦福大学校园边上，从许多方面来说，仿佛是另一个世界。格蕾塔和我都对“狂妄的乌鸦”日益浓重的企业氛围很不以为然，于是一起来到普林特斯。我们之前曾去过这家书店多次，对其规模之大、品种之全面和门市之活力印象很深。普林特斯给我们的初次印象不过是一家更大和更成功的“狂妄的乌鸦”而已，但我们很快发现远非如此。普林特斯其实是一个繁荣社区的中心，这个社区里集中了作者、科学家、企业家、学者和所有类型图书的严肃读者。普林特斯是一家真正意义上的世界书店。

||||||||

公元五世纪末，在基督教及其审查官们将欧洲推入黑暗时代[1]之前，罗马是帝国的首都和繁荣的国际性文学都市，是书籍、作者和读者的天堂。当时罗马的文化水平高于世界上其他任何地方；设有许多公共图书馆并对所有识字的人开放；经常举办文学竞赛，十分激烈，并具有很高的地位。

公众聚会的场所贴着报纸供所有公民阅读，激起的讨论和争辩往往使行人驻足。富家雇用的缮写员常常去抄写报纸供自己的主人阅读，更有甚者，以公开朗读作为消遣。罗马这些报纸的内容与现代报纸没有什么区别——生卒公告、经济动态、自然灾害、政治丑闻、军事行动，等等，甚至还有名流离婚的消息。

在这种环境中，书店成为真正的行业，和其他行业一起构成了城市的重要特征。古罗马书店为数众多，竞争激烈，拥有覆盖整个帝国版图的发行体系。奥维德[2]在距离他心爱的城市数千英里之外的黑海流放地发现了自己的作品，他记录了当时的慰藉之情。因为罗马远离亚历山大城的浴室和它的熊熊火焰，也因为它的书籍并不是集中在如亚历山大图书馆这样的唯一保存地点，所以在公元的第一个千年中，罗马作品的流传要多于希腊作品。

尽管罗马的书业比它的地中海前辈更发达，但声名仍然不佳。公元前一世纪，抒情诗人及讽刺作家贺拉斯[3]在他的《诗艺》中警告其他作者提防暴发户书商索斯——索斯兄弟出版了他的许多作品。贺拉斯指责索斯瞒报销售数量，控告他们销售他著作的盗版。但在其他诗歌中，贺拉斯又对索斯表示敬意，称他给诗人带来名誉，为罗马带来荣耀。他设问，否则他的作品怎么可能得见天日，更遑论流传到罗马世界的每个角落呢?

无论贺拉斯对书商的感情如何矛盾，他的诗作还是显示出他是一个高明的推销员，他在诗中列出了书店的具体位置。贺拉斯在他的书信体诗文中写道：

> 我的书，我知道你为什么急切地注视
> 杰纳斯和威耳廷努斯的大门。
> 你迫不及待地想到达市场，打扮
> 光鲜地躺在索斯兄弟的书架上。

掌管商业的威耳廷努斯神[4]的塑像就耸立在书商区外；杰纳斯[5]神庙坐落在古罗马广场的入口附近，是商人销售各种物品的地方。索斯兄弟经营着最早的图书连锁店，你可以在其中较近的一家买到最新出版的贺拉斯作品。

随着行业的进一步发展，书商成为现代意义上的出版商，选择出版哪些品种的新书，承担风险和赚取利润，与在世的作家签订有法律约束（但未必都可靠）的合同。书商兼做出版是这个行业历史上最悠久的脉络之一，一直持续到十九世纪工业革命之前。

这个成长中的行业需要大量的缮写员，而此时的罗马正好拥有大量的奴隶。最富有的罗马家庭往往长期拥有规模很大的私人图书馆，而他们的用人除了侍女、厨师和园丁外，或许还有缮写员和校对员。对于许多奴隶来说，充当缮写员明显要比盐矿奴隶舒适，学习读写的机会还常常成为他们通向自由之路的起点。

一个名叫阿提库斯[6]的人在公元前一世纪扩大了他的商店和服务，他组织了一批奴隶缮写员按照需要抄写当时最流行的书籍。他的缮写员可以在一天内抄完一本厚书，价格也很便宜。通过阿提库斯的书店，人们只要花五个第纳尔金币，相当于现在的十美元不到，就可以买到装订漂亮的马提亚尔[7]《谐谑诗》的第一卷；[8]同样是这本书，便宜的版本可能只要十个赛斯特斯银币就能买到，约合现在的三美元。

为了容纳潮涌般的新书和制作书籍的工人，店铺的格局也发生了变化。它已经不仅仅是临街的铺面——一块地毯或一个摊位——而是加大了进深以容纳迅速增加的库存，并在最里面为缮写员提供工作空间和存放用品。由书车和摊位演化而来的前台——如同现在一样——留出了顾客与业者交流的空间。柜台上展示着新到的书籍，而柜台后面，以及书店前部的其他墙面，由较小的X形书架将盒状的书架分开，放置可以阅读的手卷，每个手卷上都贴着书名标签。缮写服务也许还在继续。与现代书店一样，作者朗诵也是书店一景；在古罗马广场，作者，无论是否发表过作品，都聚集在书店前背诵他们的作品以希望找到读者。

古罗马时期书店的演变过程长达五百年，它是这个行业的分水岭。罗马书店的形状，就像一个具有诱人店面的狭长的鞋盒子，到现在依然流行。我们还发现在那个时代，书店是一个让各阶层的公民都可以买到廉价书籍的场所，这一观念已经深深扎根于欧洲文化中。曾几何时为僧侣和学者独占的书籍现在成为普通的商品，为世俗的个人拥有。

||||||||

当我步入普林特斯时，我的第一想法是它的店堂设计真简单。普林特斯的形状就像是一个鞋盒子，至少是一个理

想化的鞋盒子。鞋盒子的一个窄面朝向马路，沿着长长的高墙，排着装满书的书架，从头至尾地浏览，无疑也是“长征”。在书店巨大的中心部位摆放着堆满新书的桌子，与旁边成排的独立书架交相吸引顾客的目光。店面干净、清晰、简单，是典型的书店风格。

而“狂妄的乌鸦”则是设立在一个购物中心内，那里的空间设计很灵活，以适应各种潜在的商户——低矮的屋顶下一个个小小的像壁龛一样的摊位和半截屋——是郊区那种风格随意的商铺。相比之下，普林特斯的面积是“狂妄的乌鸦”的四倍，天花板高达十八英尺，简直就像曼哈顿的商店，庄严而雄伟。

鞋盒形几乎适合于任何零售商。它的门面入口狭窄，所以在一个商业街上可以有更多的店面，有助于地产商获得更多的租户，商家也可以利用较小的空间招揽较多的顾客。在逛街的途中，顾客驻足，注目于一个布置精美的橱窗，被陈列的品种所吸引；推开商店的门，哇，仅从外观绝对想不到里面居然有那么多的商品。

鞋盒形并非书店的唯一形状。在攀升的房租和走低的利润不断的较量中，一家书店会被挤到最杂乱的地方，拥挤的街区、不规整的小房间。世界上一些伟大的书店——巴黎的莎士比亚书店和旧金山的城市之光书店是两个立即跳入脑中的例子——它们的店堂蜿蜒曲折有如仙境中的迷宫。现在的超级连锁商店一般都开设在平铺的、糕点盒状的、类似购物中心的地方，每个分店的楼层布置几乎是千篇一律的。

然而书籍的外形特征使得书店最适合于采用鞋盒形。尽管书籍大小不一，但外形基本一样，都是扁扁的长方体，很容易一本挨一本立起，两个平面对贴在一处，一本书可以与另一本书的平面成九十度角而不会东倒西歪，纸张的柔软和封面的结实，以及书籍不用包装，这些特点使得书籍上架更为方便，想想把甜瓜码在架子上有多困难。人们可以毫无障碍地将一本书从其他两本书中间抽出或塞回到原来位置，而从一摞套衫中抽出一件可不那么容易。

如果你能将某种物品方便和安全地上架，你就可以把它们码放得高一些。就算你有五万品种各异的水果也没有关系，一个高架子就可以扩大你租下的空间：用较少的租金容纳更多的书籍。图书馆梯凳在书店的使用与在图书馆一样普遍，使得使用高书架成为可能，而因为书籍的统一外形，你可以相对容易和安全地拿着书上下梯凳。

书店的高墙建立起一种亲切感。色彩斑斓和满满的书架使空间缩小，这与黄昏使得远山显得近一些是同一道理。没有人希望书店采用极简主义的装饰，不要那种苔原似的荒芜趣味。

书店装饰美学中有一点是可以肯定的：如果空间很大却没有足够的书籍，顾客就不再上门，书店也就开始走下坡路了。书店要显得很兴旺才能吸引顾客，顾客要看到很多书。我们更可能被吸引进一家显得乱糟糟的书店，而不是一家将图书码放得一丝不苟的书店，因为这种乱透着生机。我们走进一家书店不会就是因为它的铁灰色、带网眼的芬兰风格书架有品位，但每个书架上就陈列着三本精选的、色彩协调的图书。杂乱——有点顺序当然更好——是我们意料之中的。就像一个城市。仅仅满足必需要求尚不足以成为城市。

书店的高墙和高高的独立书架形成了狭窄的过道，就像城市两边耸立着大厦的街道。这些书架多半用于摆放存书——那是些在本季度之前出版的图书，完全按照字母顺序密密麻麻地插在书架上。书架之间这些陡直的过道是城市的工作区，你在那里寻找打算再次阅读的海明威的小说、你正需要的纳税指南，或是为你心爱的孩子找一本心仪的儿童读物。在这些令人愉快的拥挤街道上你可以停住脚步，躲在一边，选择书架旁的某一个小角落，用肘部倚在书架上，专心地阅读琼·狄迪恩[9]研究加州神话的论著，或爬上一个梯凳瞪眼细看鬼节庆典的照片。

如果说书架是构成城市天际线的摩天大楼，书店低平的展示台就是公园和庭院，在那里一切都会放慢速度。展示台就是要让你注意你还没有见过的东西，那些仅凭封面就能吸引你眼球的图书。别着急，你可以在此待上一天。如同每一座伟大的城市，这里让每个人都感到宾至如归，也如同每一座伟大的城市，这里随时都有惊喜。

||||||||

就在普林特斯书店一进门的地方，有一台古式的印刷机。它是书店的店徽，也是书店的灵感，它是古腾堡革命的直接产儿，也是数百年来书店的象征。在普林特斯，这台印刷机不仅仅是装饰，它是一个宣言，是书店目标的宣言。书店的老板们不是仅仅将它作为一个漂亮的书签图案，为了实现这个目标，他们期望将全体雇员培养成行业中最有经验和最敬业的销售人员。书店的创立者——杰弗瑞·夏特莱夫、安妮·里瑟、凯特·阿比、苏珊·麦克唐纳和盖瑞·马斯特勒——都曾经在附近门洛帕克的开普勒书店【10】工作过；这是美国第一家大型的平装书店，除了其他特点，它还是二十世纪六十年代活跃的反战运动大本营。他们建立普林特斯雇员班底的第一步，就是尽可能地鼓励那些开普勒书店的员工跳槽。

普林特斯于一九七八年开业后，老板们即开始大张旗鼓地从其他书店招聘销售人员。杰弗瑞·夏特莱夫是主要的猎头，他笑声爽朗，喜欢热闹，能够用笑声感染周围的人。杰弗瑞经常驱车访问湾区的各家书店，与我们这些在前台工作的人进行友好对话。普林特斯的业者们明白，我们这些“店奴”中的许多人热衷于成为一个积极的销售人员，无论是为“戴顿”、为瓦尔登书店或为“狂妄的乌鸦”工作，我们都很可能对目前的职位感到灰心，并且热切盼望自己在一家有更远大目标的书店找到归属。尤其当我们被找上门时，杰弗瑞已经挖走了我们最好的雇员之一，大卫·赫奈特。那时格蕾塔是经理，我是她的助理，我们都认为“狂妄的乌鸦”是“自己的”书店；当大卫接受他们的提议，得到更高的薪金和职务时，我们能够理解，但还是感到沮丧。通过大卫，格蕾塔和我已经了解到普林特斯的许多情况，所以当杰弗瑞从容来到时，我们三人谈起通常的书店话题，讲到各家书店的弊病以及这些书店已经如何不可救药；他最终发出了加入普林特斯的邀请，我们约定与其他老板会面。

格蕾塔和我很轻易就被打动了。首先是钱。普林特斯合乎情理地认为，如果他们希望吸纳一批过得去的雇员，就要提供过得去的报酬。给予格蕾塔和我的薪酬比“狂妄的乌鸦”给的高三分之一，并许诺：凡是在普林特斯上半班或工作更长时间的雇员，在若干年后将会得到免费的全面医疗福利。老板们还制订了一个真正可行的利润分成计划（四年后我就能额外得到相当于一年的薪水）。鉴于此前我曾经不惜以辞去"狂妄的乌鸦"的工作来争取每小时十美分的加薪（每月十六美元的一大笔钱），格蕾塔和我没用多久就做出了离开的决定。

当然，钱并不是唯一的因素；书店伙计绝不会仅仅为了钱而走人，对于他们来说，钱永远不会那么重要。杰弗瑞在与格蕾塔和我首次谈话时描述的，以及凯特、苏珊和盖瑞在普林特斯与我们长时间面试时强调的，都是参与建设一个伟大的书店——一个世界级的书店——的机会。一个书店"极客"（GEEK）怎么会错过这样的机会呢？

在我们前去赴第一次约会时，甚至还没有进入书店，就觉察到普林特斯的与众不同。在书店门脸高高的玻璃墙顶端粘贴着用不太漂亮、边线重叠的白色字母拼写而成的英语、德语、法语和西班牙语的大字："图书"。在店中我们也确实看到了各种外文书，证明这并非虚言。我们还看到来自世界各地的一千二百种期刊；比"狂妄的乌鸦"的小说区更大的诗歌区；几乎超过"狂妄的乌鸦"全部体量的小说区；分别设置的亚洲、俄国和中东历史图书区，每个区都比"狂妄的乌鸦"的整个历史区大，而美国和欧洲历史区的规模更是远远超出"狂妄的乌鸦"相关主题的区区几书架图书。他们的心理学图书可不只是《留心寻找最优者》这一类大众读物，而商业图书也比《积极思维的力量》层次更高一些。

这里还有专门的化学、生物学、数学和天文学图书区，大多数是普通读者视为天书的学术专著；更具意义的是，在一个几乎没有人拥有计算机的时代，书店里居然还有计算机编程技术手册区。所有这些图书，汇集在这座书城中，摊在洒满阳光的展台上，那景象真是令人心动。虽然格蕾塔和我经常一起去湾区的大书店，那些书店里也是满满当当的，但普林特斯是邀请我们去参与建设这样一座书城，这才是最让我们心仪的。

帕洛阿尔托不是曼哈顿。它是绿树成荫、草坪规整的富裕郊区，适合于或者说看上去适合于骑车、慢跑、打网球和高尔夫。那里没有大城市的喧嚣和拥挤，它表面上的慵懒，反而成为建立一间书店可以振奋一个社区的最好例证。任何一个足够有钱的傻子都可以在巴黎左岸或纽约格林威治村的布里克街开一家书店（别误解我的意思，没有傻子能开好一家书店），但要在帕洛阿尔托奢华的主要大道以南，一条不起眼的街道上开设一家世界级的书店，这样的人必须是一些极特殊但走运的“傻子”。

作为一家新书店的店址，加利福尼亚大街三百一十号有许多东西值得介绍。它距离斯坦福大学校园一英里，离那些后来成为硅谷巨人、但当时刚刚崭露头角的公司也只有几英里，而租金却不可思议的便宜。可不能小视租金——对零售业而言，位置可能决定一切，但租金是位置算式中的一个部分——鉴于书业利润微薄，太高的租金往往意味着灾难。

加利福尼亚大街是一条只有三个街区长的购物街，它的繁华好像在五十年代末就已经散去了。普林特斯一开始租赁的巨大铺面原本是一家肉店，铺着硬得能摔断腿的水泥地面。这条街上有一家潜水酒吧【11】和一家蕨吧【12】，一家只有一个放映厅的剧院，一家不怎么样的中餐馆，一家卖麦草和豆腐的健康品商店，还有几家卖纪念品的商店。在普林特斯开业之前，晚上的加利福尼亚大街是一座活脱脱的鬼城。

那时帕洛阿尔托和邻近的门洛帕克已经有几家很好的书店：开普勒书店、斯黛茜的商业和技术书店、斯坦福品种齐全的校园书店、富人光顾的雪莉·科伯精装书书店，还有几家旧书和古书书商。普林特斯的老板面临一个古老的问题：“我们真的需要再开一家书店？”他们必须以某种信念，而不是理性，使自己相信答案是“需要”。

与他们之前的许多聪明商人一样，普林特斯的老板偷盗竞争对手所有的好主意，他们的招数是推陈出新。他们像开普勒一样提供全品种图书，但更全；他们提供许多斯黛茜的顾客需要的商业和技术图书；他们提供斯坦福校园书店提供的全方位的学术著作及委托订购业务；他们每周组织两至三次著名或将要出名的作者的朗诵会；他们仿效伯克利和剑桥的大报亭；他们最后集大成的就是直接从“狂妄的乌鸦”照搬了咖啡吧。他们为斯坦福和硅谷社区提供一站式的购物环境。对了，我们开到很晚，直到午夜。

开业仅仅数月，书店的成功就已经初见端倪了，很快它就使整条街道恢复了生气。按照零售业的行话，它成为一个“支柱商店”，一个目的地。更多的饭店、一家现场演唱的夜总会、高级服饰店、复印店和另外几家咖啡馆相继开张。地价跳涨、税收攀升。整天都有高中生在街上转悠，根本找不到车位。

对于一个来自安静的郊区、只在“狂妄的乌鸦”体会过一丝都市生活的我而言，普林特斯的场面是繁华而紧迫的。在圣何塞，出没“狂妄的乌鸦”的那些“波希米亚人”只是些异数，是稀有动物。而在普林特斯内外举办什么样的文化活动都属正常，每天都有。围绕普林特斯诞生的乡村生活是建立在书籍以及书籍在人们生活中的重要性上的，而非将书店作为又一个购物场所。即便只有短短的三个街区，书店就是这个城市的中心。

||||||||

在普林特斯有一个简单的要求：库存必须齐全。书店在完成这个命令方面还是卓有成效的。但这个任务需要大量的员工去执行。作为一家连锁店，“狂妄的乌鸦”不可能像独立书店那样进货——中心办公室负责统一大宗订货，他们使用合理的架位宽度测算法（比如规定以A字母开头的小说架位不得长于四十四英寸）产生的图表决定进货的品种和数量。但格蕾塔和我找到一种方法避开这些限制。我们编造一些顾客的委托订购——我喜欢的一个名字是勒姆楚珂·希克尔，更明显和可笑的是还有马塞尔·杜尚。这些捏造出来的顾客经常购买三本新出版的文学著作或五本年度最佳先锋派戏剧。中心办公室的人从不注意我们在多复本的委托订购中的合伙“犯罪”。

然而普林特斯是一家独立书店——它简直就是这一类书店的最好例证——老板们可不仅仅只是放松缰绳，他们干脆放手。我们一只胳膊夹着一摞出版社目录，另一只手拿着一叠绿色和白色的库存卡片，在书架中穿行，清点每一本售出的图书，并再次订购；从这些售出图书中也许会发现有哪些书我们没有备货。当我不收款时，就会来到这书籍的城市里，努力使它变得更拥挤。我们这些年，用行话说，就是转铺面。这是我一直喜欢的商店行话，“是，我在铺面。”那真是个好地方。

在书店工作鲜为人知的好处之一，那个始终带给我欢乐和回馈的好处，其实就是工作场所本身的特点。从收款台到后屋，尤其是销售区，是任何一个好书店最忙的地方，大部分工作都是在这些地方进行。书店工作区的特点就是自由和灵活，感觉是在公共场合干私活，与时光以及漫步其中的陌生人交流。书店是一个广场，是街道的延伸，是一个市场。无论从生理上还是感觉上，铺面工作都要比小隔间或办公室的工作更让人呼吸顺畅，能更敏锐地感觉到光线的变化，季节的流转与波动。转铺面就像是转世界，是主动的参与，而不是偷偷摸摸的逃避。

我会拿着一摞库存卡片从一个区到另一个区，核对销售的日期和频率。我会从书架上抽出图书看看它们是否应该还放在那里，但多半我抽出一本书只是为了熟悉它。在工作时享受阳光，以及书中揭示的世间百态。

普林特斯直到一九八五年才使用计算机库存管理系统，所以我在那里的大多数时间还是使用一书一卡的盘货方法，劳累、枯燥，但非常长知识。使用这种方法——每本书里都有一张卡片，绿色的代表精装本，白色的代表平装本，卖出时在收款台将卡片取出——就不可能整天坐在计算机前看书名和相关的数字。我们必须站在书架前，也就是说我们要接触图书，于是我们有机会更了解这些图书。我对世界万物的了解，无论大小，常常始于图书的封底，那里看到的一句话将我引向另一本书，然后引向更多的书。书店店员的脑海里常常汇集着一条条这样的小知识——斐波那契数列、野禽迁徙路线、阿比西尼亚民间故事、十六至十七世纪意大利制琴大师的抛光技术——但这就是乐此不疲的瘾头。这与互联网检索有些类似，一记点击可以引向另一个，但却有着一个重大的区别。在书店里，书就在手边，可以随时消受。

无论是普林特斯，还是其他书店，即使已安装了整套计算机系统，盘点货物和一般的店面工作基本上还是需要体力劳动，而这正是最令人兴奋的。一个店员可以整天整夜地坐在计算机前，但迟早还是要撇开他的工具去把书上架。

当我们还没进行盘点，或者说是在开始盘点之前，我们必须先将书上架，在普林特斯这样的大型书店，一天上架书的总重量高达数千磅；在圣诞节的高峰期，这个数字还要翻一番甚至达到三倍。两至三吨的图书要一次上架，你将推着装满书的车，按类排列。虽然应该尽快地送到铺面，但有时仍会在半道耽搁一下，因为这本阿根廷的小说有种难以言表的魔力，让你不得不停下来翻上几页，然后再接着去上架。

这是星期五的晚上，所以真的很忙，你要推着书车绕过在传记类图书区一边吃着巧克力蛋糕一边在看柯里班[13]漫画的一家人。你打算上架完这车书，因为周末应该是忙碌的，事实上是忙疯了，假期就要来临，但顾客一个接一个。“嘿，能帮我找……”于是你颠颠地跑到烹饪区去找一本关于圣路易斯烧烤的书；等你找到了，那里又有一个人要你帮忙为一个十二岁的男孩选一本书作为礼物（没有比书更难选的礼物了）；其间电话铃响了，你要接这些电话，还要帮一个家伙找计算机的书。然后你停下脚步打量四周，场面令人兴奋。收款台前排着长队，当班的苏珊不时按一下铃请求帮助应付这些顾客。有时按铃只是因为她知道大卫会来帮她，这给他们俩一个待在一起的借口；他们在上班时坠入情网，还以为别人不知道。书店里摩肩接踵，咖啡吧里更是客满，没有人手上没有书。你认出一位著名的作家（尚未出名的正在咖啡吧里埋头写作）和一个漂亮的民歌手，还有一个据称发明了“虚拟现实”的家伙。

每个人都在找书，他们需要书，一本诗歌或一本用于预测单细胞动物细胞增长方程式的书，于是，你几乎不相信你能如此幸运地在这样的书城里工作。

【1】欧洲中世纪的早期（5世纪－11世纪）。

【2】Ovid（公元前43－公元17）：古罗马诗人。著有《爱的艺术》和《变形记》等。

【3】Horace（公元前65－前8）：古罗马诗人和讽刺作家。著有《诗艺》等。

【4】罗马神话中掌管四季变化、庭院和果树之神。

【5】罗马神话中的天门神，司守门户和万物的始末。

【6】Titus Pomponius Atticus（公元前109－前32）：古罗马骑士。西塞罗的密友。

【7】Martial（约38到41之间－103）：古罗马铭辞诗人。

【8】原书如此。

【9】Joan Didion（1934－　）：美国小说家。著有《奇想之年》等。

【10】成立于1955年，1990年被《出版商周刊》评为年度最佳书店。由于连锁书店和网购的冲击，该书店曾于2005年8月歇业，但在社区的抗议下于同年10月重新开业。

【11】门面破旧、装修过时的酒吧。通常销售便宜劣质的烈酒。

【12】美国注重衣着的男女聚会的酒吧。因常用蕨类植物装饰而得名。

【13】B. Kliban（1935－1990）：美国漫画家。

在路上

公元第一个千年结束时，亚洲，尤其是中国和日本的图书贸易已经得到广泛发展。现存最早的书商形象出现在约公元九世纪的一幅中国绘画中。尽管中国人早在公元十一世纪时就已经使用活字，但直到十九世纪才开始采用现代印刷技术。

在那幅早期的绘画中，铺着瓦的屋顶下，商店业主正站在柜台后面招呼生意，两位妇女站在柜台向着商店的一侧；书商将几册书摊开供她们选择，他抬起一只手似乎在解释什么，在他身后的书架上放着等待读者挑选的新书。

中国其他一些有关书籍的技术发明，形成了他们当时独特的销书方式，而在欧洲，这种书商要到古腾堡革命后才大量出现。中国的书商从公元一世纪就开始使用纸张，到了六世纪他们已经开始使用雕版印刷。通过这些革新，制作出的书籍远比以前的便宜和轻巧。于是书商可以背着选出的书籍走街串巷。最早商贩上门推销图书的绘画就是在中国找到的。

在雕版印刷中，先要将整个一页文字和插图反刻在一块木板上，然后涂上墨，再压在纸上。木版印刷不仅使书商可以重印已有的书籍，还可以印刷那些便宜的、可能吸引蛮荒之地读者的书籍：农民需要历书，而每个家庭都会得益于最新的医药书。在书籍问世以来的第一个千年，中国和其他地方一样，也流行粗俗小说。早期书贩推销的那些东西与现在拥挤的菜市场收款台旁边架子上的那些玩意儿没什么区别——减肥书、算命书、言情小说。

这些雕版印刷品是早期的纸皮书，基本上装订成手风琴式的折子书。或干脆将书帖缝在一起，比起当时欧洲时兴的木头或皮革的封面要方便许多。一个有点经营头脑的年轻小贩会将这些纸皮书和药材、小饰品、玩具及护身符码放在一起上路，从一个村庄到另一个村庄。中国及日本的小贩背负着木制或竹制的背架，一般有六英尺长，装饰着彩带和招幌，或者其他显眼的东西；小贩本人也穿着醒目，以吸引别人的注意。

随着印刷机的发明，图书日益便宜，欧洲的书贩也渐趋普遍，他们也穿着花哨，但不是背负书架，而是将装书的篮子挂在腹部，使他们显得像是“书佬”（Johnny Applebooks）[1]，在乡村播撒知识的种子。欧洲书贩推销的图书与他们的亚洲同行应该没有区别：都是些关于宗教、医药和性的图书。

书贩的流行在十九世纪到达顶峰，尤其是在美国，那里的大多数人都居住在农村小镇。伟大的词典编纂家和拼写专家诺亚·韦伯斯特[2]就曾坐着马车和火车四处推销他的词典和全新的美国语言拼写方法。在十九世纪，美国图书销售总量的九成出自游动书贩。数千年来，在全世界，有多少居住在城外的人，是因为看到沿路而来的陌生人打着的鲜艳招幌，才得到他们的书！

在二十世纪的美国，百科全书和家庭圣经推销员仍然延续着书贩登门推销的遗风。（我在十六岁时曾参加过百科全书推销员的培训，发现只要带上一卷样书就行了。不过我还是放弃了这个机会。）但是十九世纪末包裹邮递系统的建立以及同时兴起的邮购，逐渐抢走了游动书贩的饭碗——不再需要挨家挨户地推销了。

走街串巷的书贩现在摇身变成出版社的销售代表，一些从城市到城市、从书店到书店的商务旅行家。销售代表是出版社和书店之间的直接纽带，尽管所有这些工作可以通过电话和邮件（或传真和电子邮件），但书店的性质需要这些销售代表在路上奔波。

你们或许不相信，正当我在普林特斯度过整整六年，打算离开这家书店时，我得到了一个出版社销售代表的工作，不再是总在一家书店里待着，而是一天要去三四家书店。

||||||||

尽管我很兴奋——能够更加深入到出版的世界中，但对于做一个推销员的想法仍然有所顾虑。书商是商人，是书业这个团体中的成员，是一个明确的专业人员。但我认为，做一个出版社的销售代表则有变成纯粹推销员的危险：一个个不断握手，说话利索："嘿，领带挺漂亮，妻子和孩子都好吧，你面色不错，你经常锻炼？"推销员就是这样的。我知道这是一种奇怪的恐惧；我在普林特斯认识好几百个销售代表，无论他们专业与否，但几乎没人这样，不过我们总是担心事情会落在自己身上。但我对变成推销员的恐惧被证明是错误的。出版社销售代表很少变成推销员，他们在很多方面仍然是书商，仍然是这个书业家庭的成员。

于是我穿上套装，戴上领带，换了一辆新车，开始奔波。我只用了几个月就发现并不一定需要穿套装戴领带，这让我轻松很多。书店的气氛是随意的。在卖书的行业中讲究衣着的公子哥寥寥无几，一般的牛仔裤和短袖衫倒是蛮符合书店体力劳动的特点。谁愿意身着一身正装去拖一摞五十磅重的箱子？

我甚至遭遇到对正装大发雷霆的书商。创办淘儿唱片店和书店[3]的鲁斯·所罗门很快就让那些穿套装打领带的家伙知道他的观点。在淘儿的初期，鲁斯主要负责为唱片店和书店进货。他经常隔着桌子用剪刀将那些还没有吸取教训的销售代表的领带剪掉。他身后的墙上有一把五彩的扇子，是用或昂贵或便宜、或有品位或花哨的领带钉成的——当然这只是传说。

在做销售代表的第一个夏天，我遭到不少白眼，在加州圣华金山谷约三十八摄氏度的高温中度过几个星期之后，我收起了我的正装，又回到原来卖书时的装束——怎么舒服怎么穿。这种衣着透着一种平等的意味，好像我们属于同一战线。在我的书商和销售代表的生涯中，只有一个人越界——奥立弗·基里兰德，愿上帝保佑他，他仕诺顿[4]的销售代表长达数十年,深受同行爱戴——只有他总是穿着名牌的套装、领带和皮鞋。奥立弗是一个穿着讲究的人，这与职业无关，他从不穿我们那个时代过分简单化的商务套装——那种像是说“我是大人物”的服装和领带。奥立弗有一种少有的品位，我们就是因为他的品位而不在意他的穿着，我们甚至还有些妒忌他。但我们中的大多数还是坚持随意的穿着，无论是书商或销售代表。因为物以类聚，我们的工作是在书店后屋，那里“闲人免进”。

我使用 Salesman（推销先生）涵盖男士或女士，是因为这个词无论从口气或定义都透着这个行业的某种神髓，而 Salesperson（推销员）这个词几乎表达不出来。Salesman 的重音是在 Sales（销售）上；卖任何东西的人都可以叫 Salesman，他是在做销售。而 sales rep（销售代表）的首字母是小写，重音在 rep 上，是代表或联系人，是中介。作为销售代表时你不是什么都卖的，你只卖图书。我知道这只是我的语义解释，但语义解释确实往往能指出差别；微言大义。

想想“冷电话”（cold call）这个词儿。一个推销先生免不了打一些不受欢迎的电话——他必须接触一些并没有要求见他的人。从这一点上来说，传统的书贩是真正的推销先生——虽说他仍然是销售图书，却是不请自上门。当你热爱这个行当时，这一点还是有区别的。对我而言，这是一个巨大的区别——出版商的销售代表打的不一定是“冷电话”。

一个销售代表一年面临两个或三个新书出版和销售的季节——春季、秋季，有时是冬季——在每个季节中销售代表要造访本地的书店，一般是会见同一个采购员。这是熟人间直呼其名的联络——“喂，盖瑞，我是刘易斯，什么时候有空？”——这是销售电话，但不是冷不丁的。

这种电话更多的是“有的放矢”的介绍，而不是推销。一个优秀的销售代表知道每家书店的业务和经营范围，会将相关的图书列在出版社的书单上（一些销售代表会提供来自不同出版社的十份、二十份甚至上百份目录）。销售代表的工作就是向采购员报道新书，以便采购员尽可能迅速地做出判断，省出时间去聊其他的书。

或者省出时间聊棒球、时政或去哪里吃午饭——当然是销售代表请客。在书店的后屋里很难维持大多数推销员被要求做到的专业举止。书店的后屋总是杂乱、拥挤、气氛亲密，因为这里与店面、与世界的其他部分隔绝。

我做销售代表时喜欢逛书店，看看能给各家店提供些什么书；在独特的氛围中聊天，即便没人搭理——就像某一个雨天，在加州北部海岸的尤里卡，为了等一位拖沓的采购员，我在书店的壁炉旁读完了整整一本理查德·福特写的《体育记者》。不过我最喜欢的，还是待在书店后屋。

IIIIIIII

书店后屋的特征就是它的凌乱不堪——它肯定是乱七八糟的——码放的书箱东倒西歪,桌上堆满了订单和书目,成箱撕下的畅销书封面和相应的撕去封面的畅销书,带着封面或没有封面的旧杂志;还有出版社推广希拉里·克林顿著作的宣传品、海报和硬纸板做的假书模型,宣传胸章、钥匙链和方便贴;再就是即将出版图书的花哨的推广小册子和校样。书店后屋是纸堆的海洋,各种各样的纸。在普林特斯,我们的绿色和白色的库存卡片,扎成捆的或零散的,到处都是,打开任何桌子的抽屉,你会看到更多的卡片;“狂妄的乌鸦”的库存文档也是如此,打孔标签粘在图书封面内侧,付款时扯下,然后汇总成库存报告。时至今日,将要淹没公共空间的恐怕是成堆的计算机打印纸了。

当普林特斯于一九八五年(现在看来那是计算机征服世界的重要一年,人们突然拥有了家庭计算机,甚至便利店的收银机都是“哔”和“当”的声音)转用计算机管理库存时,IBID 计算机库存管理系统的供应商信誓旦旦地说用不了多久社会就会无纸化。好哇,我们为之激动。但是(“好哇”后面常见的一个词),没有比它更错误的预言了。计算机库存管理系统看上去只不过是一台一直工作的打印机,黑色墨点的波浪不停地涌动，没完没了，并且因为它是计算机，具有我们赋予这个词的权威性和傲气，我们必须向这台机器和它的计算结果称臣。计算机使得库存控制更加快速有效，这只是在某种程度上，你是否经常听到一个可能是劳累过度或薪水过低的员工好意地说："哎，计算机显示我们没有这本书。"但是计算机也可能出错，这本书可能就在书架上。在这种场合中，计算机和它的结果百分之九十九是对的，但这一个百分点就是一个重大的错误比例，因为也许这本书正是顾客今天必须要的。

||||||||

如同游商必定乐于见识别人的家园和生活一样，销售代表继承了一个窥探者的梦想。置身在后屋的纸堆中，坐着硌人的椅子，和采购员谈论图书，销售代表必然要看到许多书商的生活片断：店员之间的争论，经常的聚会，独自拆书箱的幸福时刻，一个人一边吃午餐一边贪婪地阅读一本新书，咒骂和抱怨顾客，被聘用和辞退。在关店之后，后屋更经常成了那些始于铺面的恋爱关系的完成之地。后屋展现的正是生活的杂乱和变化，一个准家庭。我知道在其他行业中也有各色的情感、友谊和准家庭。但我回归简单的形态，那里没

有屏风，没有小隔间，只是一间大家一起工作的大房间，和外面的世界只有一墙之隔，门外就是熙熙攘攘的顾客和喧闹的世俗景象。后屋几乎就像是罗马的缮写房：缮写员坐在那里，在纸草和羊皮纸上抄写图书（毫无疑问也会咒骂他们的顾客），而现在书店店员拿笔在计算机的打印件上勾勾画画。

||||||||

销售代表的主要工作就是谈话。有这么一本书，它的内容是什么，你要多少本？这些谈话是否有趣与图书的内容和采购员有关。有时场面会很单调；最终都取决于你是否健谈，和你不断重复自己说过的话而不感到厌倦的能力。但有两种快乐是我原先没有料想到的。

在对一家又一家书店的访问中，在每周与书商的许多次谈话中，一本书销售过程的更大画面慢慢形成了——这些书不仅出自销售代表的书单，或者枯燥的最新畅销书排行榜，而且还有那些出乎书商意外的书。谈话往往会从这本书扩大到这个主题或这个类型的书，以及它的销量对一个小出版社前途的意义。我从某个采购员那里听到的意见，经常在其他许多采购员那里得到响应，放大百倍地投射到更大的画面上。在这类更广泛的谈话中产生的兴奋，有一部分是作为一个信使，告诉一个百里之外的书商某个书商正巧还有这本关于马戏生涯的回忆录，随之这个消息散布出去，传给了更多的书商。看着几个书商通过这本书赚点小钱，这是一种美好的参与感。一个人不可能造就这种成功——出版业是如此巨大和复杂的网，这种想法只能是虚荣而已——但一个销售代表是这个网上的一股绳，尽管出版业是一个复杂、混乱并且无疑是低效率的行业，但好书仍然有渠道到达读者的手中。

我个人以为销售代表的最大乐趣是来自绝对非商业的、一对一的交往。销售代表当然要送图书。赠书。嘿，我给你一本样书。我带着一个小本，上面写着书名和应该送的人的名字。这些书只限于我自己的出版社，但这已经够了。这是行规——也是一种聪明的做法。

获得免费书是书商的真正外快，当免费书进店时，书商十有八九会爱不释手地翻阅，更深入地了解内容，因此很可能卖出更多册。这是赠书的理论基础，在现实中也确实管用。

当我的销售拜访完事后，我常常问采购员是否要赠书，回答总是肯定的。然后我会在后屋里转上一圈，问问其他的店员——收书员、办理退书的员工、儿童读物采购员，所有在场的家伙——然后我再去铺面问在前台的店员，以及正好在周围的人，每人一本！这些免费赠书并不能明显地增加我业务领地的总销量或书店一年的销售额；许多赠书从来没被打开过，有些甚至还会回到它们原来的库房。但这没有关系。关键是它给所有相关的人带来了喜悦，对我尤甚。我有机会将我喜欢的书、我认为重要的书送给别的读者；统统免费。

||||||||

经常奔波的销售代表还有很多传统的待遇。漂亮的汽车、舒适的旅馆、奢华的饭局，还有殷实的信用卡报销这些费用。这些都是出版社提供的，全部免费。销售代表的执照上应该写上：不请客，毋宁死。你可以自由地开上一整天车（也伴随着精疲力竭和挫折感），尤其是开长路，大声地放着收音机，开着窗。在我的业务领地北加州，从蒙多西诺到蒙特利之间的每个地方都有秀丽的小镇、友善的人们。只要开出城一点路，就能看到全新的景色，比如去年春天，在奇科城外遇到的那座遍布紫色和黄色野花的孤山。

对一些人来说，这是完美的工作，每隔一段时间在旅馆住上一周，拜访不同的书店。一些乐于此道的销售代表从这种无常中建立起自己的生活模式。根据业务领地的不同，这种投入也许是巨大的。我认识的一位销售代表，负责数家小出版社在整个美国西北地区的业务，从华盛顿州和蒙大拿州直到俄勒冈州和科罗拉多州，巨大的一片。他没有公寓或住宅，只有一辆带衣架的吉普和一厚摞他最喜欢的连锁旅馆的常旅客累积里程数表。

也许因为我是在书店中成长的，我依赖那种地方和社区的感觉，并且开始感到销售代表漂泊生活的不安定。我逐渐厌倦身处他乡。一天晚上，我在一间舒适的旅馆房间里，吃着送到房间的晚餐，随意调着电视，突然看到一部黯淡模糊的纪录片，讲述二十世纪六十年代早期美国南部乡村挨户兜售圣经的推销员的生活。这些人住的是松木搭建的汽车旅馆，根本没有客房餐饮服务，当然也没有水流按摩浴缸，但我仍然觉得有所触动——前景确实黯淡模糊。几年过去了，该是改弦更张的时候了。

【1】Johnny Applebooks 一词是著者借用 Johnny Appleseed（苹果佬）杜撰的。约翰·查普曼（John Chapman，1774－1845）因向美国中西部大量推广苹果树苗，促进拓荒事业的发展，而获得“苹果佬”的称号。

【2】Noah Webster（1758－1843）美国词典学家。著有《美国拼音课本》和《美国英语词典》等。

【3】美国著名的连锁音像书店，成立于 1960 年，2006 年歇业。

【4】美国著名的文学图书出版社。出版的诺顿文学选集和文学作品的评论版久负盛名。

走出黑暗

中世纪对欧洲的书商并不友善。许多源自希腊和罗马帝国的人文进步被根除或湮没。蛮族似乎总是兵临城下，因此城门总是紧闭。基督教王国试图通过严格控制自由思想及其公开表达，来捍卫它把握不住的欧洲美好精神。此前罗马迅速提高的文化水平和繁荣的书业并不完全见容于中世纪。亨利·柯温[1]在《书商史》一书中确切地描述了当时的情景："人们忙于攻击和应付攻击，压迫和受压迫，根本没有时间读书。"

在几乎一千年的时间里，欧洲的出版业只限于圣经、教会审定的宗教册子以及那些只有少数特权阶层才能看到的古典科学和哲学。这些世纪中的大多数新书是僧侣的手抄本，只是为了自己修习或表示虔诚。一些修道院也誊写手稿出售或交换其他著作。在这段时间图书是如此珍贵，以至于通常都要用链条锁在桌上或放在铁门紧锁的库房里。

中世纪图书的形态和价格与知识的衰退和教会的审查密切相关。天主教神学裁定荣耀必须归于尘世的圣物——庄严的教堂高耸入云，神职人员的冠袍点缀着金银珠宝，承载上帝箴言的书籍就成了艺术品：封面装饰着金叶、象牙和贵重的宝石，书页采用最为繁复和豪华的彩绘手写体和图案。尽管手抄本早就取代手卷成为最常用的文字交流形式，但中世纪书籍的封面还是沉重的木板（最常用的山毛榉木的德文为buche，英文的图书book即源于该词），有些还在木板上覆上皮革。那时的书籍开本很大——主要是为了防盗——十分笨重。一位学者抱怨说一本主要的工具书居然需要两张桌子才能承受其重量。尊崇圣言被视为相当聪明的审查形式。图书既贵且少，还很难偷。

中世纪图书贸易的一个重要发展，得益于公元一千一百年到一千四百年间欧洲大学的诞生与发展。大学的概念来自阿拉伯文化：在当时只不过是一个图书馆，学生和教师在其中阅读图书和讨论问题。大学的诞生也是中世纪黑暗消散的开端，对人文主义长期和艰难的追求直到文艺复兴才开出花朵。因为大学需要更多的书籍，又因为学生需要购买书籍，书籍必须便宜，装帧也大可不必像僧侣的彩绘巨著那么考究。

为了满足这种需要，新的缮写人行当风行起来，这种行业的扩张同时也是因为纸张输入欧洲而促成的（从阿拉伯文化引进的另一项发明）。除了提供传统的誊写服务外，欧洲的书商还向逐渐增加的学生群体出售纸张和文具。大多数书商都有固定的摊位或店铺，因此被称为“坐商”（stationarii，英文单词“文具店”stationery 即由此而来）。尤其在巴黎，在索邦[2]的庇护和规范下，“坐商”十分繁荣；从当今塞纳河沿岸遍布的旧书商的绿色木头书箱仍可看出当年“坐商”的遗风。

大学和书业之间的联系使得两者在欧洲蓬勃发展。但书业的下一步发展将大学，似乎也是将整个欧洲，投入到知识的辉煌中。

||||||||

许多史书告诉我们是约翰·古腾堡于一四三八年在德国的美因汶发明了他的活字印刷机。古腾堡是个金匠，琢磨摆弄活字多年，设计出可以重排和多次使用的分体铅字，便宜而且可以随意组合。但更绝的是这种组合的铅字与葡萄压榨机结合在一起，促生了现代的印刷术。在印刷第一部圣经——即著名的一四五四年四十二行古腾堡圣经——之前，古腾堡

曾做过数年的试验。与当时的手抄本一样，古腾堡圣经既没有书名页也没有出版商信息。

与任何重大历史事件一样，古腾堡印刷机的发明不是孤立的顿悟。欧洲正在摆脱中世纪令人窒息的宗教狂热，宗教改革运动消减了天主教会的势力，文艺复兴运动正值鼎盛时期；在十五世纪末，跨洋探险已经开始。由于当时更加自由的贸易和改善的经济状况，大学的发展和识字率又一次攀升，使得对书籍的需求更加大了。全欧洲的出版商都在琢磨如何以更快的方法满足这一新的需求。

在古腾堡圣经问世之前，由中国和日本引进的雕版印刷在欧洲已经使用了至少一百年，但这种印刷方法并不精确，不能达到彩绘手稿的审美标准。在欧洲，雕版印刷主要用于圣徒祈祷书，人们在朝圣结束时买上一本，以期自己的过失得到赦免。雕版印刷还用于制作扑克，这是颇为时新的消遣，在威尼斯尤为盛行。当时印刷这些世俗的玩意儿尚属非法，这些买卖通常都在执法无力的地方进行，许多书商似乎都是靠钻法律空子起家的。全部的雕版印刷图书都是成于这个时期，与古腾堡圣经属于同一时代。

在古腾堡之前也有一些印刷图书，其中一些出自荷兰工匠之手，最为著名的是哈莱姆的劳伦斯·扬松·科斯特[3]，但这些书的质量远比古腾堡的逊色。古腾堡对印刷工艺的改进使印刷成为有利可图的行业。

古腾堡受过的珠宝匠训练，启发他创造一些工具以及新的铸造方法，用于制作大型印刷所需的数千枚活字。他用硬币冲头制作字面，即将字母的反面冲印在比较软的金属上，然后用熔化的铅、锡和锑的合金填充凹口，也称作字模，合金凝固在触面上形成凸起的铅字。这些铅字也许是排在一个排字盘上，若干个字盘组成一个印版，形成一个镜像页。印版被装入一台经过改装的葡萄压榨机，涂上油墨，给予一定的压力，直到纸上沾上印记。古腾堡在他的作坊里完成的另一些重要改进，包括快干的油墨和毛边的精制纸。几个世纪以来，古腾堡印刷机虽然在机械上不断改进，但却没有根本性的革新，在二十世纪初照排印刷技术发明之前仍在使用。

当哥伦布误打误撞地踏上美洲大陆时，印刷机已是一项成熟的技术，几乎可见于欧洲的每个城市。到十六世纪末，印刷机已远远地传到亚洲的日本，并通过秘鲁传到美洲。数字最能显示古腾堡发明的成功，一个印刷工一天完成的工作可能需要一个僧侣忙活六个月。据估计，在印刷机发明前全欧洲仅有五万册书，而古腾堡的第一部圣经问世五十年后，这个数字已达到两千万。

这么多的书总要有人去卖。欧洲的书商成立了行会和贸易组织，试图建立一个有效的版权体系，并与教会和国家的审查法规抗争。后古腾堡时代最为流行且因宗教改革运动而热门的书籍，是非拉丁文的、人们可以真正阅读的各种文字版本的圣经——十六世纪的英格兰就出版了三百种不同版本的英文圣经，其次流行的是儿童启蒙读物和识字课本。欧洲正在学习阅读。

||||||||

早期一位需要印东西的顾客也许得去一家书店，那时的书店尽管已与现在的类似，但还是有一些显著的不同。从十五世纪到十八世纪，书架上的书是平摞而不是直立竖排的，书脊冲着书架的背面而非顾客。大部分图书没有封面（但已经有书名页了），按刀（二十四页为一刀）摞在一起。选定一种书后，顾客还要选择最适合这本书和本人书房氛围的颜色并权衡装订的成本。顾客也可以就要原样的、没有封面的图书——这就是纸皮书的原型。十八世纪以后，图书才经过装订后销售，像现在一样竖着放在书架上，书脊冲外。

取代后屋里缮写员的是印刷机和装订机，后屋也成了放置木桶的地方，从中世纪到十九世纪末都是用木桶放置和运输图书。

最能体现这些书店特点的是它的前台，它兼具印刷工的工作台——摆放着这个行当所需的各种家什——和服务台的功能。书商在此可以一边筹划下一个出版计划，一边随时准备打点和招揽顾客。从文艺复兴时期迄今所有有关书店店堂的描述中，柜台总是占据重要的地位，这个狭窄的、凌乱的划分空间的岛屿横在书商和顾客之间，却将他们连在一起。

||||||||

如今书店的前台是满怀期盼的收银员的地盘，那里通常有一台电话，一个插着钢笔和铅笔的残边破口的笔筒，一摞书店特制的书签和一些招徕顾客的小礼品：阅读灯、散页地图和记事册、CD，还有各种形状的无聊的微型书。在柜台的后面和下面堆着各种杂物：成卷的礼品包装纸，一些用橡皮筋绑在一起、写着顾客姓名的破损图书，一台立体声收录机和相关的物件，抽屉里放着表格、曲别针和多余的钥匙，一个供雇员涂抹警句或宣泄情绪用的告示板或工作日志牌，撕去封面等待回收的杂志，还有一个拾物箱，里面有墨镜、围巾、雨伞、便条本、一件短袖衫或夹克和空的钱包，还有文件夹或格架，有时也会有搭着烟卷的烟缸。

无论前台如何杂乱，总有一块光溜溜的干净地方，读者可以悄悄地走过来把新买的一摞书放在那里，它是秩序的中心，明确提示这里是交易之处。在业务冷清时，书商就在那里叉着双臂扫视店堂。

前台是一个指挥中心，好比是船的甲板，一个防范盗窃和恶意毁坏书籍的监视哨位，也是一个交易处。与酒店里的酒吧一样，这是一个庇护所，一个阻挡公众的隔断，一个掌握着权力的位置。传说中书商是众神的信使（数百年来书业的行徽是长着足翼传达真理和艺术的墨丘利）。总的看来，书商是一个仙境的守护者，是这里的秩序和物品的保护兼管理者。书商管理这片地界并将它呈现给公众，同时又保护这片地界及其内容，防止受到公众的侵扰。日常的图书销售更多的是物质世界的商品交易，而不是更高层面的思想交流。零售——尤其是书店——劳累更多的是你的膝盖和后背，而不是你的头脑。

在没完没了、一轮又一轮的整架、搬运和算账的间歇，前台也是供你喘息的地方，要是赶着那里有个高脚椅子，可以放松一下就更好不过了。无论是在恶魔岛、大提顿，或邻近旧金山歌剧院的街区，书店一般都有一个前窗，是观赏街景的好地方：芸芸众生，春风秋雨，白昼疲沓地沿着时钟的弧线慢悠悠地融进了黄昏和黑夜。这个变化的世界往来着成群的顾客、非顾客和未来的顾客，车水马龙。蓦然回首，这里有家书店，里面有新书和旧爱，有展示台的岛屿和书架的峡谷。对随意浏览的顾客而言，书店也许不过是紧张一天中的一个去处，或是忙碌后的歇脚之地。但对书商而言，书店就是生活，是时间和空间的延续——歇息结束了，来顾客了。

与顾客最深的联系一般是在前台，恰恰因为这个横在顾客和书商之间的台岛，为占据的双方构成一个想象的空间。物理的隔断产生了一种安全感，使得双方都比较自在——近在咫尺，面对面，但那界限还在。双方随时可以走开，店员去忙他的事务，顾客回到他的世界。

最终还是收银台掌控一切，因为它进行着商品和货币的交换，在这些业务中书商洞悉了顾客的喜好。在店面，一切只是可能，那些书仅仅是顾客可能会选择购买的东西，但当收款机响起铃声，柜台就成了显示真相的地方。挑中的书是顾客要带回家看的、收集的或作为礼品送人的，而每一本书都在某种程度上代表了那个人生活的一部分。这不单单是阅读趣味的罗列——谁喜欢哪个作家——它揭示了人们在关注什么，思考什么。在那里，隔着被衣袖蹭得光滑锃亮的木头台面，书商和顾客面对面，一切尽在无言中。旅行指南，烹饪教程，关于离婚的书，关于父母罹病的书，关于孩子起名的书，关于新世纪战争恐怖蔓延的书……也许一本吸血鬼的小说让你全神贯注……每次只要二十分钟足矣，你好像窥见了别人的内心。

||||||||

别误解我。在零售业里的经历可并不总是温情脉脉的，因为美国公众的要求总是超出任何一家书店的供货范围。是的，在书店的后屋里总有一些关于顾客的脏话，有时甚至是唯一的话题。与公众打交道确实磨炼性情，凡是过来人都会有同感。但我有一个方案去改变这种状况，别嫌我走题。

在许多国家，成年公民在十八至二十岁之间服兵役是一个强制性的义务，这些年轻人身穿制服、列队前进、操练兵器，时刻准备着抗击侵略，保卫国家。在我们国家，据我观察，我们的军队太多了（至少，以非正规的或以其他方式执有的武器太多了）。

我愿意谦恭地提出，每个公民都要强制性地在零售业工作两年。家庭的财富和权势或学业都不能免除这项义务，不得例外。只有那些中了上上签的人才能在书店或唱片店工作，其他人就只能到食品店、服装店或沃尔玛之类天理不容的地方去了。而对于那些有幸搬运图书和磁带的家伙而言，除了每天接触那些时新的玩意儿和得到免费的书籍和磁带（我要与时俱进：现在是 CD 了）之外，还不用穿制服。

这毕竟是美国，正如我们国家的节日所显示的，我们擅长的一件事就是购物。我认为强制性零售役的好处是多方面的：父母为孩子上大学存下的钱就不太会被用于移动电话费、酗酒狂欢和到欧洲去旅游；这些省下的费用可以用来支持我们已经或正在衰落的企业；社保资金会增长。由于零售业的员工直接掌握商业的基本工具，学院和大学可以将在会计和营销课程节省的经费招募人文学科的人才。结实的鞋子的销售量将会飞涨。

我这个微不足道的方案的最大优点是也许能建立起一个更加温良恭俭让的国度。想象一下，如果每个人都曾经在零售业服务过，你将会看到一种可能的未来：因为我们都参与过国家统一的消遣——零售，因此会变得更有耐心，会理解商品售缺并非末日，没有笑容的服务也是服务，不需找零并不是生活中一个值得称道的目标，花钱也不是速度测试。

我要透露一点零售业的秘密：如果你认为我们态度恶劣，应该滚开；如果我们看上去一点儿也不愿意在那里——那你就对了。

但别错怪我们，也许我们冒犯过你，尊敬的顾客，但我们仍乐于为您而忙碌，我们还会一起度过美好的时光。

我的强制性零售役的提议当然永远不会实施，尤其是在每个人都渴望成为摇滚歌星或首席执行官、乘坐豪华汽车的文化氛围里，但我肯定零售业会持续下去，这是必然的，因为在那里我们有足够的同道——从业一年、两年，或者十年、二十年甚至三十年——不走我们书业中称之为“真正的工作”的道路。为了书店的健康发展，我们有足够的同道无视书店橱窗上的招聘告示：低薪，没有或低红利，前途渺茫，不体面。我们这些选择书店生涯的人似乎别有见解：买书有折扣，上班灵活，难以解释的欢乐时光，紧密的同行关系。

我们选择是一种另类生活。许多书店从业人员，看起来，并不适合从事那些更光鲜的行业。

||||||||

一六六七年四月二十七日，诗人兼新教宣传家约翰·弥尔顿[4]与伦敦的书商及出版商塞缪尔·西蒙斯[5]签署了关于他的新作史诗《失乐园》的版权协议。弥尔顿得到五英镑的预付金，如果第一版销售一千三百本则可以再得到五镑。该书封面上印的定价只有三先令，《失乐园》销售得很慢，直到七年之后弥尔顿才拿到第二笔钱，不久他就去世了。一六八〇年，弥尔顿的遗孀为了区区八英镑将该诗未来的所有版权卖给了这位塞缪尔·西蒙斯。《失乐园》在其后的三百年中一直再版，对于十八英镑的投资而言真是不错的回报。这应该是一个典型的出版传奇——作家急于出卖，出版

商因此得以用很小的投资出版了一本伟大的书——这标志着作家时代的发端，随之而来的是英国书业的黄金时代。

作家（Author）是一个公众人物，一个具有权威性、影响力和多少需要一点正直品行的人士；一个写文章的人（Writer）要变成一个作家就必须依靠书商。约翰·斯坦贝克曾经说过，写文章的人和作家之间的差别在于后者见诸《今日秀》。

直到十七世纪末期，大部分写文章的人的生计仍是依赖于投胎的运气（其他的财富），或是上层陌生人的财政善举（赞助）。在文艺复兴时期，一些戏剧家可以从剧院谋求生计，但仍然要依靠富人的资助才能过上额外的舒适生活。莎士比亚的戏剧都发表于生前，却没有从中得到一个便士。自古以来，写文章的人都是选择那些最有可能让他们扬名的人来销售他们的作品。事实上，当时许多写文章的人都认为从他们自己的作品中获取利益是不光彩的。但是十七世纪产生的变化使得写文章的人有机会借助文笔谋生了，只要不是太奢侈。读者和写文章的人都在增加，出版的途径也得到相应的增多。十七世纪末的欧洲充斥着新的杂志，也产生可以找到和阅读这些杂志、遇到其他读者的新场所。咖啡馆在传播启蒙运动的进步方面起到了重要作用。

咖啡由中东传到欧洲。最普遍的传说是进攻的穆斯林军队在遭到维也纳要塞的反击之后仓促撤退，留下了成吨的咖啡豆，维也纳人将这些豆子发展成一个繁荣的买卖。从历史看，咖啡更可能是在欧洲再次向世界开放时从阿拉伯国家进口的。

尽管这种植物原本生长于埃塞俄比亚，但咖啡作为饮料，也称“Quwha”，直到八或九世纪才在也门被广为饮用——在那里，苏菲派的祈祷者在艰巨的宗教仪式中饮用咖啡以保持清醒。在中东，咖啡也被用作治疗疾病的药物。

到了十六世纪，饮用咖啡在中东已经很普遍，阿拉伯咖啡馆也已成为传统悠久的文化设施。早期的欧洲咖啡馆的主顾们也许已认可阿拉伯咖啡馆的风格和目的。顾客被吸引逗留更长的时间，加入激烈的文学、政治和神学的争论。一个欧洲人在看到阿拉伯咖啡馆后把它称为“练习世俗雄辩术的剧场”，而拉尔夫·哈托克斯在《咖啡与咖啡馆》中则称喝咖啡是“社交延宕的借口”。史实也确实如此。

英国的第一家咖啡馆开张于一六五〇年的牛津，其招牌是东方圣徒彼得牧区的天使。该咖啡馆成为忠于当时被废黜君主的学生和教授们的聚会场所，以至一位剑桥教授断言牛津的学生在咖啡馆中学到的知识比他们正式上课学到的还要多。两年以后，伦敦的一则公告宣布“帕斯奎·罗西现在康西尔区的圣米歇尔街制作和销售咖啡，其商标是他本人的头像”。罗西是在他的家乡土耳其士麦那喝咖啡长大的，所以当他来到英国为一个叫爱德华的人当差时，将这种饮料介绍给了他的英国主人及其伦敦朋友，他们很快就迷上了咖啡并帮助他开始自己的买卖。

短短数年之中咖啡馆就已遍布伦敦，而非议也是铺天盖地。早年有一项指控，针对在内殿门附近雷恩博开设咖啡馆的詹姆斯·法尔：他制作一种“烟灰色的饮料，在炉子上煮，还要趁着烫得不能再烫时喝”。邻里要求驱逐店家和他的商品，因为“他那邪恶的气味和夜以继日地生火让邻里很是烦恼，他的烟囱和店堂一旦失火，会对邻里造成很大的危险和惊吓”。起诉方中有三位是书商，他们对“火”的恐惧可以理解，但这也使他们失去了早期联营的机会。啤酒屋的老板担心价格便宜、喝了令人清醒的咖啡会威胁到他们的生意，因此也提出投诉。但所有的投诉都如泥牛入海，咖啡馆征服了伦敦、巴黎、维也纳、阿姆斯特丹，以及所有的欧洲都市。这种新设施的流行如此之广，以至法寻[6]和便士之类的零钱在伦敦突然之间变得短缺了，其中大部分都流入了咖啡馆老板的钱箱，于是老板被迫铸造自己的代币，顾客可以用大钞成把购买，每次喝咖啡时付上一枚。

对咖啡馆的发展起到及时推动作用的是美洲烟草的引进。这两种瘾品的绝配更加剧了咖啡馆的“社交延宕”，顾客可以在那里坐上数小时，与受到同样作用的同好们交谈，一会儿窃窃私语，一会儿怡然忘情。

随着这个世纪早期的清教革命以及反君主制情绪在欧洲的持续发展，咖啡馆出现的时间正值启蒙运动的前夕，平民和地主开始往来，社会的隔阂逐渐减少，英国的咖啡馆从一开始就是欧洲最具创新力的民主论坛；真的，法律规定任何一个买得起一杯咖啡的人都可以走进咖啡馆并加入谈话，而不必在乎他们的社会地位。商人、科学家、教士、哲学家、纨绔子弟，各色人等都聚集在那里高谈阔论，这种景象在那之前的五十年是难以想象的。

或是天命，或是偶然，总之许多伦敦的咖啡馆和书商都乐于在临近舰队街和内殿律所的同一区域开业。虽然没有记录显示在这段时间有书店兼营咖啡馆的情况，但公共或私人的历史都清楚地记载，无论从地理位置或是气质方面，两个行业的联系已是很悠久了。

一个裁缝也许能引领新的时装潮流，他可以预测人们将穿什么样的衣着，至少可以预测下一个季节的。然而，一个书商，通过他所销售的书籍，就可以预测人们可能会怎么想。思考方式的改变将造成巨大和持久的社会影响。启蒙时代的书商不仅反映他们的时代，而且帮助形成那个时代。没有书籍传播思想的变化，历史的演进或许会更为野蛮。正因为书籍改变了我们思维的内容和方式，书店始终是一个具有相当影响力的机构。但书商并不总能赢利。

普林特斯书店与其他大型独立书店的真正区别在于拥有计算机类图书。普林特斯书店于一九七八年在硅谷的中心开业，正值第一次硅谷淘金潮的前夕。这有点像一八四九年在旧金山开设一家铁锹店，恰逢其时。说起来似乎难以置信，就在一九七八年，不到三十年前，还没人家里有计算机。在普林特斯，计算机图书属于技术性的专业类书。大学出版物的内容是如此深奥，以至店员中只有拉菲尔·迪亚茨才知道这些计算机图书应该如何上架。尽管我偷到高中代数 II 大考的答案而通过了课程，但对数学不甚了了，这些书看上去都一样——内容尽是些夹杂着令人挠头的字母和数字标题的方程式。拉菲尔在每张卡片上做些记号以帮助我们这些还算上过学的店员。这些书刚上架，就很快不见了踪影，一些纸皮书卖到六十五美元。普林特斯因此在硅谷声名远扬，我们的计算机区很快就忙得和咖啡吧一样。

二十年以后，在普林特斯购买计算机类图书的人真的参与了创建家用计算机、政府和研究机构需要的超级计算机以及视频游戏、虚拟现实、互联网、电子邮件等使得生活变得简单或复杂的所有硬件软件。普林特斯的计算机类图书激发了第二次硅谷淘金潮中设计师的心智和想象力。当书店于二〇〇〇年关张时，普林特斯的顾客已逐渐流失于新出现的电子商务，因为就在硅谷，在那个计算机行业的发明家们曾到普林特斯寻找他们革命的方法和要点的地方，那个时代的普遍趋势已经抛弃了砖瓦盖成的实体商店。你现在可以在线购物了，你都不需要离开屋子。

普林特斯关闭时我开车到帕洛阿尔托去作别。店堂就像一个空空的鞋盒，白色的墙壁，破旧的地毯。书店唯一的遗留物是原先咖啡吧的一块红色油地毡。我从窗口向里望去，往日的喧嚣一去无踪。

普林特斯的关闭不是一两句话可以说清楚的——二十多年来苦心经营的小买卖肯定使业主们身心疲惫——但毫无疑问的是电子商务将人们困在计算机前而不再光顾商店。所有我们这些曾在普林特斯工作过的书虫们都参与构建了这个将会抛弃普林特斯的未来，我们大家留下的是一片空旷。

||||||||

令人印象深刻的是：启蒙运动时期英国的书商大部分出身十分低微。在社会的阶梯上，商人仅仅略高于海盗和其他

罪犯。这里摘录一些描绘当时伦敦书商的话：一个是“醉鬼鞋匠的儿子”，一个则是因为“正好考不上大学”而做了书商，还有一个则是在学“若干打下手的粗活”不成后投身这个行当，另一个则是“并非心甘情愿地熟悉监狱生活”。某个书商出身毫无指望的家庭，步入此行只是为了认字读书。我们在英国书商中也能找到个别例外：“他与其他书商的不同之处是他是个富人。”

这些书商在很多方面就像是海盗，游走在一个社会的边缘，这个社会还没有找准新的自由和思想；而将书店视为这些思想的来源。尽管法律禁止出版煽动性的和淫秽的书籍，但并没有太多的审查，公众对新书的需求持续增长。那时的版权政策也处于同样的状况；有人努力地规范知识产权，实施起来却被证明是不可行的。书商作为出版商出版了大量非法出版物，有时还冒着伤及身体的风险。

埃德温·柯尔【7】是这类书商中最著名的一位，他出版伟大诗人和作者的作品，尽管并不总是应他们的要求。他也出版一些大众的和时髦的书籍，一直流行的粗俗言情小说，如《修道院里的维纳斯》《穿着罩衫的修女》《好奇的妻子》，还有一些政府听证会记录——这些内容是明令严禁出版的。其名声之恶以至他的名字成为盗版的代名词。柯尔还通过出版圣经发了大财。

柯尔是个非常成功的书商，但他的一生都在为他的成功和罪孽不断付出。他经常因出版淫秽作品而被课以重罚，虽然千方百计逃脱牢狱之灾，但仍被判处在查令街[8]戴枷一小时，经受公开羞辱。柯尔在那一小时的戴枷悔罪过程中，没有被人投掷石块和食物，是因为他事先印制和分发了一份传单，告诉公众他之所以如此是要捍卫对敬爱的安妮女王的记忆。还有一次，因为没有得到国王学院约翰·巴伯的首肯，擅自出版了他在一次葬礼上的演讲，愤怒的学生以有更全的讲稿为诱饵，将柯尔引到学院的庭院中，将他裹在毯子里，长时间地重重抛起、落下、再抛起（这显然是学院的一项传统），然后强迫他跪下向巴伯道歉。

柯尔所受的最为出名的一次惩罚是诗人亚历山大·蒲柏设计的，诗人显示出聪明但多少有些恶心的复仇本领。柯尔出版了假称蒲柏写作的诗歌，当蒲柏要求公开纠正和道歉时，得到的却是柯尔傲慢的回绝。于是蒲柏假借谈判之名邀请柯尔到舰队街的天鹅酒店，在那里，和蒲柏的签约出版商伯纳德·林托特一起，三个人一起喝酒。据柯尔记载，林托特先生喝了半品脱的老霍克酒，蒲柏先生喝了半品脱塞克酒，柯尔先生喝的是同样的酒。蒲柏在柯尔的酒中悄悄地加了大量的催吐粉，药力很快就在大街上发作了，蒲柏在他的讽刺史诗《笨伯咏》中为后世记下了当时的场景。

即便是“书商王子”雅各·汤森，一个来自霍尔本的理发师兼外科大夫的儿子，其经商之道也不是那么清白。他曾经支付他最畅销的诗人兼评论家约翰·德莱顿[9]红利，后来又抱怨德莱顿给的册数多于他的要求，于是扣除了相应的预付款。但德莱顿还是依赖他的出版商，没过多久就放下尊严写信给汤森要更多的钱，“我觉得自己非常丢脸，欠你如此多的人情”。

尽管有些瑕疵，汤森确实代表了书商最好的一面，为大众读者做出了贡献。汤森自十四岁起在托马斯·巴内特处学徒七年，然后在大法院街开办了自己的书店，招牌是法官的头像。初创时汤森只销售二手书，虽然不久就开始出版原创戏剧作品，但在与德莱顿建立联系之前一直不太成功。德莱顿是当时最好的文人，他们一起出版和推广了德莱顿的作品，并帮助造就了——尽管有红利之纠葛——作家的时代。汤森从西蒙斯手中买下了弥尔顿的《失乐园》，正是他的出版使该书流传并得到声誉。从大法院街搬出之后，汤森将招牌改为莎士比亚的头像，他也是第一个使莎士比亚的剧本和十四行诗广为流传的书商。

汤森、柯尔和其他黄金时代的书商当然都是一些善于把握机会的企业家，但也是塑造他们那个时代——那个巨大社会变迁的时代——的文学的关键人物。

十七至十八世纪的书店还有另一个重要的形态演变，那就是店面的窗户。

当书店还只是一个书亭，或后来变成一个三面墙的房间时，窗户晚上关闭保护店铺安全，白天开启陈列商店的商品。每个窗台都摆上书，封面朝外。日本和中国也是如此，但他们是将窗板从合页上取下来，平放在地上或柜台上；而那些图书则是放在整洁的函套中，函面向上，陈列在窗内。几百年来，窗户既是墙也是展台。

随着玻璃渐趋普遍，价格渐趋便宜，店址渐趋固定，玻璃取代了窗板，吸引顾客向店里张望，近距离观看陈列的新书。虽然使用大块的平板玻璃还是很久以后的事，但许多书商发现较小的窗格非常适合展示图书。窗户后面经常放上小巧的书架，这样图书可以吸引好奇的路人。玻璃橱窗也用于其他零售店，但图书和小玻璃窗格的尺寸和形状之间的天生契合，使得这种展示创新在书店应用得更为广泛。

然而，书商们很快发现橱窗陈列很容易使书褪色，于是他们加宽了窗台的进深，在店堂里形成一个小的平台，图书可以尽显风采；从外面看上去店堂也显得更大一些。走过现在的书店，我们发现这类布局，即有着较宽窗台的大飘窗，历经三百年仍在沿用，图书仍在阳光下褪色。

在十九世纪初，英国和欧洲的书业已经开始赢利，所以大部分书店不再自己制作图书，转而专门销售出版商的图书。这个行业甚至赢得了尊敬，不过，也偏离了它丰富多彩的根基。一七九四年，詹姆斯·拉金顿【10】在伦敦的芬斯伯里广场的西南角开办了一家名叫“缪斯神殿”的巨大书店。这是首家超级商店，带有玻璃圆顶的两层楼面使整个建筑熠熠生辉。书店有一百多万册图书：新的、旧的、稀有的、古代的各种图书，还有原创手稿和滞销书。这家书店还提供文具用品，图书装订和誊写服务。它是如此之大，在豪华的开业典礼上，一辆四挂马车穿过了书店。书业进入了大生意的领域。

【1】Henry Curwen（1845－1892）：新闻记者和作家。

【2】Robert de Sorbon（1201－1274）：法国神学家，国王路易九世的告解司铎和索邦神学院创始人，这所神学院后来成为巴黎大学。

【3】Laurens Janszoon Coster（1370－1440）：荷兰印刷匠。

【4】John Milton（1608－1674）：英国诗人。著有《失乐园》《复乐园》等。

【5】Samuel Simmons（1640－1687）：英国印刷匠。以最早出版弥尔顿的著作闻名。

【6】英国旧币。四法寻为一便士。

【7】Edwin Curll（1683－1747）：英国出版商、杂文家、传记作家、色情作家及书商。

【8】伦敦的书店街。

【9】John Dryden（1631－1700）：英国桂冠诗人、剧作家、批评家。

【10】James Lackington（1746－1815）：英国书商。

大生意

那些构成十九世纪图书销售和出版行业变化的因素，与构成这个世纪其他诸多行业变化的因素一样，是机械方面的发展。在那个世纪的第一个十年，第三代切斯特菲尔德伯爵查尔斯·斯坦厄普[1]引进了一台酷似古腾堡机器的印刷机，但它是用铁而不是木材制成的，采用杠杆而不是传统的螺杆操作。这些发明提高了印刷每一页的速度和精确性。一八一二年，柯尼希[2]将蒸汽机应用于与斯坦厄普类似的印刷机上，将每小时的印刷量提高了几乎五倍。一八九〇年，两种新的排字方法——整排铸排法，即同时排一排铅字；单字铸排法，即一次排一个词——使得一个排字工每小时可以排五页纸，而以前手工按字母排版每小时只能排一页半。尽管书页仍因承袭数百年的陈规被裁成书帖，然后缝在一起配上封面，但装订程序已逐渐机械化了。

究竟哪个是促因？是因为工业革命期间文化水平的迅速提高使得速度更快的、以蒸汽为动力的印刷机成为必需，还是因为这种机器的诞生促进了文化水平的提升？它们其实是同时存在的，所以那个时代报刊和小说的品种数量之多是此前一百年无法想象的。

十九世纪初叶，为了满足增长的城市人口中那些有知识但没有多少钱的人的需要，平装书出现了。这些平装书，打着增刊或号外的幌子，其实都是“肆无忌惮”的书商和出版商盗印的言情小说。一八四一年，德国陶赫尼茨出版社[3]推出了价格只有皮面精装版三分之一的平装本。铁路和汽轮帮助将大量的文学作品带往全世界，而不再仅限于一个国家或一种语言。

这种机械速度在书业和其他行业造成的后果是提升了行业工人或整个组织作业的专业化程度。对书店而言，这种专业化程度的提升意味着一个书商不太可能再兼做出版。印刷品的激增需要速度更快、体积更大、因而噪音也更响的机器，因此在后屋里安放印刷机是不太可行的了。于是书商常常是向批发商和出版商订购图书，积攒越来越多的各种图书目录。

在几乎二百年的时间内，书商和出版商是一体的，所以在那个时代的大部分时间里，一个书商通常只经营本店印刷的图书。比较广泛的备货始于北美殖民地，在那里印刷机还是稀罕之物，也没有多少书商，但对图书的旺盛需求迫使书商向多家英国出版商进货。直到十九世纪末，美国的大出版商仍然保持在家乡城市开设品种齐备的旗舰店的传统，他们往往将印刷所设在书店的楼上，但这些书店现在也经营其他出版商的图书。

当我在一九八六年初次游历欧洲时惊讶地发现欧洲的书店仍然是按出版商而不是按类排列；在找书之前你先要确定出版商，然后再找到这家出版商的架位。然而二十年后欧洲的大部分书店都采用了美国的排架方式。这里的大部分书店现在也派发书签，这又是另一项美国发明。

各行各业在二十世纪都取得了进步，并且加快了节奏，书业也受到同样的激励。轮转印刷机，以及后来的电子和计算机控制的印刷机，伴随着更快捷的发行手段——州际公路运输和货运飞机——使得书业随着世界性的文化普及蓬勃发展。法律的约束——修改后的版权条例和公平贸易行规——使得出版和图书销售更趋稳定和规范。

二十世纪书业的第一个影响深远的革命是二战前夕廉价平装书的问世：英国的“企鹅”丛书和美国的口袋书。廉价平装书为大众接受完全是因为战争，当时纸张的短缺使得购买这些便宜的版本被视为爱国行为。这些新式的平装书只有口袋大小，在机场、杂货店和书店里都可以买到。它们使用较少的、便宜的纸张，而节省下来的纸张可以用于战争。当一代士兵从欧洲和亚洲回归故里，怀揣着退伍军人权利法【4】拥进学院和大学时，平装书使得这些退伍军人可以承受他们的需求。

这个世纪的第二场革命是第一家全国性连锁书店的创立。一九六九年，“B. 戴顿”和“沃尔登图书”两家图书零销商在全国性的连锁百货商店母公司旗下开设了它们的第一批书店。这些书店不是与百货商店和豪华专卖店比邻而居，而是在当时遍布全美的购物中心里开设独立的门面。同一年“小教授”也开始了自己的特许连锁业务：在没有书店的城镇和居民区开设个人所有并经营的店铺。

二十世纪八十年代还有另一场平装书的革命：更大的、标准开本的平装书被接纳。随后是八十年代和九十年代“狂妄的乌鸦”“巴诺”“鲍德斯”和其他一些书店的进一步的连锁化。在那个时代，出版业经历并且仍在承受一系列的企业并购，许多出版社沦为全球媒体王国的一个部门。二十世纪的书业故事体现出资本主义的转型。

或许自书业界大公司开创以来，最大的变化莫过于“特色”的丧失。随着速度和效率的提高、行业的规范化以及影响最为深远的出版与销售的分离，书商已不再是以前的恶棍形象，很少再被人冠以“肆无忌惮”的恶名。行业近来的传记和历史中已经不见英国出版业黄金时代那种自信和激动人心的人物。我们现在谈论的尽是这个行业的琐事。

我对这种失色感到悲哀。这个行业肯定还是有些“特色”，但这不过是各行各业都有的招牌说辞。现在这个行业几乎没有谈资，不再有锋芒，好似一潭静水，无声无息，平庸，没有亮点。让我略感振奋的是我知道书店能够并且已经生存下来，它只不过是在三千年间变化非常缓慢而已。这倒是逛书店的一个乐趣，验证了最简单的事物是最持久的。书店，最普普通通的书店，尽管在我们花哨和危险的世界中不加炫耀和被人忽视，却基本保持着本色：陈列着图书的橱窗吸引路人的目光，像小说封面一样的前门带着殷切的期望开启着，成排成架静候着的图书，还有在前台发生的收钱、给书等琐事或许会再次演变出一场奇迹。这是生意，但却是关于书的生意。

||||||||

当十九世纪疯狂地扎进二十世纪，许多文化的验尸官都宣称阅读和写作的死亡。先是小说“死于”六十年代初，然

后是书店“亡于”八十年代末。现在阅读行为本身也死了，或至少在评论家的眼里，或大众都是这么说的。二〇〇四年由美国全国艺术基金会赞助的一项研究得出结论：与前几十年相比，美国人已不太阅读“文学作品”，更不太阅读“传统”图书。研究称互联网和电子传媒使得美国人放下书本，就像当年广播和电视吸引大众的注意力一样。哀哉。

但仍有一些数据可以用来反驳这项研究，或至少可以抵消部分结论。据不同来源的统计，二〇〇四年美国出版社共出版了十三万五千种到十七万五千种新书。即便取其平均数——每年出版十五万种，也意味着每天要出版四百一十一种新书。美国出版社每年出版的新书比亚历山大图书馆在九个世纪的历史中收集的全部图书还要多五万种。

这个数字也表示比你在最大的书店书架上能找到的书要多五万种。一间书店的大部分空间是用于陈列常销书【5】（Backlist）——以前出版的图书，即便是把全部空间都用来展示新书，显而易见，你所看到的也只是部分。所以说，实际上，你在规模最大、图书品种最全面的书店展示台上所看到的那部分新书，只不过占了最近出版的图书的一丁点儿。

这些新书的一部分是非常专业和技术性的出版物，另一些则是历书、有声读物和用作礼品而非阅读的图书，但大部分还是传统意义上的图书。不是所有的图书都具有类似亚里士多德《诗学》那样持久的生命力，但我们可以担保不会缺少供一时阅读的东西。

还有很多数字显示出出版业的现状超越了我们保守的估计。《常销书书目》[6]最近收录了四百万种仍在销售的图书和一百五十万种绝版图书的书名。自一九八〇年以来美国出版了两百多万种图书，而在此以前的一百年中这个数字是一百三十万种。

这些仅仅是美国出版业的数字。美国人确实比任何其他国家出版更多的图书，但按人均数计算则是出奇地低。在英语国家中，美国仅排第五，位于英国、加拿大、新西兰和澳大利亚之后。英国人均出版两千三百三十六种图书，而美国则只有五百四十五种。

如果一个人从五岁起每周读一本书，活到八十岁，最多可以读三千九百本书，略微超过现在在版图书的千分之一。社会评论家声称阅读和书写的时代的死亡，或许过于草率，我们还正在书的海洋中畅游呢。

||||||||

在海量的图书中，有一小部分可以被认为是艺术品。豪华版是一个值得称道的传统，但它只是为那些有癖好而且有

金钱满足这一癖好的人士准备的。我敢说任何一个真正喜欢图书的人看到亚里安出版社[7]出版的《白鲸》都会情不自禁地流泪。这本书是手工排版，纸是手工制的，装帖是手工缝的；书套和封面的皮革像深海一般湛蓝；而巴里·莫泽[8]的插图从第一章汹涌的波涛开始，结束于以实玛利泛舟于平静的海面，思考宇宙之无穷，那些黄杨木刻版画仿佛要从纸端跃起，令人遐想。该书为对开本，其书体之庄严与书页之丝般柔软形成鲜明的对比，细看之下还会发现鲸鱼水印。即使你还没有读上一行字，这本书已使你的感官愉悦不尽了。这本书于一九七九年限量销售二百五十本，售价一千美元。另外一些豪华版图书可能便宜一些，但也可能更贵，开本大小不一，但一般都是以收藏为目的。

对我们而言，幸运的是亚里安一九八一年出版了《白鲸》的普通版，印数不再是几百而是数千册，既有精装也有平装。普通版包含与豪华版同样的文本和插图，但开本较小且为机器制作。这个版本的平装书定价为二十九美元九十五美分，精装书为七十美元，它也是一本漂亮且令人愉悦的图书。但如果你认为二十九美元九十五美分依然太贵，你可以花五美元九十五美分买一本更简朴的廉价平装本的《白鲸》，其中梅尔维尔的文字和包罗万象的视角依然激动人心。大部分读者都是伴随着这些装帧普通的书籍度过他们的伏案时光。

书商经常听到同样令人沮丧的抱怨，“是的，我是想看，但书太贵了”。如果想到孩提时代五十美分就可以买一本书，或者可以在图书馆找到同样的书而不费分文，那我也认为二十五美元一本的精装小说看来确实昂贵。但稍作比较也许可以帮助精于计算的顾客重新思考图书的长期价值。

现在旧金山的一张电影票是十美元。满打满算，两个小时以后，这笔钱也就成了你的记忆，除非你再掏二十美元买一张 DVD。而一本四百页的图书大概要八个小时才能读完。一旦你买了这本书，它就归你了，可以由着你的性子做上标记，翻看在你脑海里涌动的精彩章节。

图书的应用远比电影活泛，更人性化。读者可以随意沉溺其中，不费电，而且还知道在书的哪些部分，一半，三分之一处，离结尾还有多少页，读者的手指帮助测量距真相大白的时刻。看电影时可以通过慢放看清画面，但总有一种不真实的感觉；而慢慢阅读某个章节并不会使那些文字失去力量。电影提供画面；图书则是借助读者的参与，将画面建立在脑海中。书籍有利于思考。神经学家已经发现，观众在看电视和电影时眼睛是静止的，直勾勾的，但在阅读时则产生实际的物理运动，从左往右（或从右往左，或从上往下，视书而定）扫过书页，刺激和影响大脑，实在是一种健脑器。

同样，你花在精装小说上的二十五美元在一家豪华饭店里也就是一道主菜的钱，不包括沙拉、甜点和酒。所有人都享受那美好的时光，但佳肴也会很快变为回忆。旧金山恺撒饭店的厨师格伦·格勒宁烹制过一道鸭胸肉煨饭，我认为是这个星球上最美味的菜肴之一——并合理地定价为十五美元，与一本新的普通平装书的价格大致相当，但当我吃完鸭肉后仍想再来一点——我还总是这样，好，除了再点一套外别无他法。书籍可以被消化，就像培根提醒我们的，但永远不会被消耗。

甚至可以与鞋这样的耐用品相比，尽管鞋可以穿上一年不坏，但图书仍然更胜一筹。在一年中你很可能读同一本书的次数不会多于穿那些鞋的次数，但在年底，这本书仍然保持它的鲜活。即便书本身破旧不堪也保持着这种特性：我的《华莱士·史蒂文斯诗集》距今已有二十五年的历史，是我在书房中最常看的书之一；护封已经褪色，书角都已残破，装订也散了，到处都有墨水和铅笔的记号，还有咖啡和食物的渍痕，但它读起来仍然乐趣无穷。一本用含酸纸印刷的平装书，即使它的纸张发黄已经十年有余，但仍然可以阅读，不管它的书脊如何破裂，也不管它曾掉入浴缸而蓬皱。书页也许从书脊上脱落了，但一根橡皮筋可以将它们固定在一起。你可以在你的密友之间传阅图书，鞋子就另当别论了。伟大的图书永远不会过时，图书适合于任何场合。

图书的持久性和灵活性使它成为号称购物天堂的美国最有价值的物品之一。考虑到图书出版是劳动密集型行业，运输和储存的成本也很贵，这就令人惊奇了。你的二十五美元书款要支付给作者、书商、出版商、印刷工和运输它的卡车司机……一个出版商可能就是一个人，在家里的汽车间里堆着几箱子书；也许这个出版商占据了纽约一整幢摩天大楼，里面挤满了编辑、市场策划、设计师、生产和销售人员、接待员，还不算配备人手的库房——它们通常都设在新泽西。

让我们看看你的二十五美元的精装书，分析一下这笔钱的去处。我们先假定它不是一本由纽约大出版商出版的畅销书，比如它是本小说，所以，除了护封外没有套色和其他特别的印刷要求。我们给它一个比较平均的印数：五千册。百分比会根据图书和出版商的不同有所变化，但下面给出的数字足以描绘一个大致的画面：

作　者　$1.88

印　刷　$3.00

出版商　$8.87

书　商　$11.25

乍一看，作者在这块蛋糕中占的份额低得近乎荒唐，至少作者们这么认为。这是最小的一块，但这一块有可能只归于一个人。如果作者有代理人，代理人从作者的版税中收取百分之十到百分之十五的费用，但如果没有，作者将全部收进这一美元八十八美分。大部分作者会在图书出版之前拿到预付的版税，其数量是根据预期的销量计算的。如果你以为写作可以造就百万富翁，那你就要写出一本出版商期望可以销售五十万册的书。一本销量这样多的书的版税率要高于销量五千册的精装书，大约每本书三美元十三美分。在二〇〇四年，只有四十七种精装小说的销量超过三十万册。一本定价十六美元的普通平装书的平均版税是每本两美元，而在二〇〇四年只有二十七本普通平装书，包括虚构和非虚构作品在内，销量超过五十万册。而廉价平装书的版税则较低，一本六美元六十九美分的书是四十二美分，因此你必须卖出超两百万册才能挣到那个童话般的数字。在二〇〇四年，只有八种廉价平装书达到或超过这个销量。但愿你的父母没有误导你走上写作之路：谋生很难，致富更是几乎不可能。

二十五美元中最大的一块分给了书商，但如果仅仅留意百分比，这个数字也会产生误导。在十一美元二十五美分中包括了整个书店的运营（工资、房租和物资设备费）开支，还没有电影改编版权、连续剧改编版权和其他附带的收入，而混合型的书商现在就依靠这些收入平衡他们的收支。毕竟，一家书店一年只能销售这么些图书，销售总量是有限度的。

一家大型独立书店的年度销售额一般是一百万至二百万美元，但其中的利润不到十万美元，完全偏向计量器的零点。书店的年度利润或许只能依赖圣诞季节的繁荣，甚至沦落到算计卖出多少历书，或祈祷这段时间千万别雨雪大作。

这事想起来真是使人晕倒，一本四百页的小说，可以父传子、子传孙，只要二十五美元。图书真是不算贵。

||||||||

德文中书店一词是“buchhandlung”，即管理图书的地方。我赞成将书店的英文“bookstore”改为“book-handlery”，因为这个词更合适。因为普通书就是用来摆弄的，就是为了我们这双手而制作的。

当图书到达书店时，它已经经过很多道手了——从作者到代理到出版商到编辑到设计师到印厂到库房到销售代表到书店进货员。但只有当一本书到达书店后，它的人工处理过程才真正开始。

首先是要收登。一个中等规模的书店通常每天会收到一千磅重的图书，在始于九月份的圣诞节备货期，收到的图书可能要翻倍。如果一个书商说，“今天我们收到一吨图书”，你可别认为他是夸张。负责收登的员工找到的可是书店最好的工作，我一直是这样认为的。他既能避开每天嘈杂的顾客，又可能成为书店中最早看到那些漂亮新书的人，这种机遇当然令人兴奋。将书从箱子里取出，与发票核对，检查是否有缺损，建立库存账，然后就准备送到铺面了。

一本普通图书载有大量的信息。大多数图书背后都印有一个白色长方块，里面有一串数字、一个条形码，还有一些似乎很神秘的符号。条形码由一系列黑色细条纹构成，几乎见于世界上所有的零售商品，可以通过激光读码器获得以下信息：价格、书名、通用价格代码（UPC）、欧洲货品号（EAN），等等。我一直认为这些数字和条码就像书上的疤痕，想到大多数图书的设计和印制都很可爱，就愈加觉得荒唐。除了方便出版商，有时也包括书店盘点库存这一明显好处外，我私下以为另一个原因是每本书都有机会成为国际畅销书，于是很快就会和畅销的六瓶一盒的辣椒酱在沃尔玛一起销售。我理解那里是一个巨大的商业世界，但我仍然讨厌我新买的斯蒂芬·多宾斯[9]诗集要盖上老大哥[10]的放行戳。这真有点倒胃口，其实每本书勒口上简单的ISBN就足以实现清点的目的。

在这个白色长方块的某个地方印着ISBN号，即国际标准书号，它表示一种图书的某一版本；对于大多数书店而言，这个十位数的编码所提供的信息就已足够（虽然十位数已经不够，ISBN 不久就会加长[11]）。ISBN 分为四个部分，每个部分之间用连字符分隔。第一部分始终是一位数[12]，对美国图书来说这个数字是 1 或 0。数字 0 代表美国图书，数字 1 则代表英国图书，但因为美国人出版的图书太多，不得不向我们大西洋的邻居借号。第二组号码是出版商代码，将图书与出版商联系起来。你可以根据代码的位数判断出版商的历史；比如，哈考特出版社的代码只有两位，而新成立的出版商的代码可长达七位。第三组表示一家出版商目录中具体的一种书。ISBN 的最后一位数是稽核号（有时是 X 而不是数字），它必须满足一个数学公式的校验以证明这组数是一个合法的 ISBN。

许多书店都将一个印有附加信息的快干胶标签贴在书的背后，反映本店计算机系统记录的库存信息，如这本书的合适类目；这样计算机就可以跟踪它的销售情况。这些标签的优点是可以从书上撕下但不损伤封底。大部分情况下如此。书商提示：如果你撕下了一个清点标签，或一个烦人的获奖标签，在书上残留一点污迹，用纸巾蘸一点挥发性的液体或玻璃清洁剂即可轻轻抹去。

如果是一本昂贵的艺术图书，收登人员会使用收缩包装机将它封装起来，即将它放在一个薄膜塑料的套子里，用机器抽气使薄膜完全贴在书上。不用说，收缩包装机的出现在书店的后屋里造成了无数恶作剧的机会，比如将某人的午饭或咖啡杯包起来。如果书商想保护书封，但书仍可以翻开，他就会用一种布罗达公司[13]生产的背面是纸的透明塑料封套，在图书馆藏书上经常可以看到这种封套。这个词已经用做动词，Can you brodart it?（能装上塑料护封吗？）

收登的最后一个环节是将一小条磁性材料插入图书以防盗窃。如果是精装书，就将一侧有黏性的细金属磁条插在书脊和布面之间的缝隙中；如果是平装书，则将粘在纸条上的金属线深埋在书页之间的缝内。当这种方法首次引进时，生产商经常在纸条上用三种文字印上“礼品书签”的字样，但这种做法看来不太成功，也许没人相信一张八分之一英寸宽的纸条适合于做书签。如果一个顾客没有付款就携书离开，或店员忘记在消磁机上刷一下书脊，前门的防盗器就会报警。

当一切都完成后，图书就放在推车或桌子上等待上架。

根据书店的规模，一种书的首次进货量为五、十、二十五或一百册，也许更多。如果这本书会畅销，就会立即送到展示台或展示架上，与其他新到的图书一起陈列。这些新书包罗万象：精装出版的图书、普通平装书、廉价版图书、虚构作品、非虚构作品，也有可能全部是新出的烹调书。

如果进货量是二十五本，五至十本会放在这张桌上其他书被买走后留出的空位上；或者要整理出一些空位，那些上周预计畅销却并没有售完的书就要下架腾出位置。其中几本归到所属类目的架位，可能封面朝外，也可能只有书脊朝外；剩下的则放到库房中。书商一般不数展示台上的图书，仅仅是估算，嘿，昨天这一摞要高一茬呢。一种书大约卖上一周就要按类放到架子上，因为毕竟我们刚收到一吨新书，而且看上去都不错。如果一种书因为书评、口碑、期望、漂亮的封面、诱人的书名、作者的声誉或纯属运气，卖得很好，就会一直放在展示区，直到销售疲软。

一种图书结束展示期后就要归架，但仍会有人到那里寻找或在那里偶然撞见它。归架也需要一番周折。那里有那么多的书，如果书架放满了，就需要蛮力和逻辑了。第一个也是最简单的问题：是否能将封面朝外的图书改为书脊朝外以腾出空间？如果架上的书已经很紧，但在布尔加科夫和布扎第之间还有些空隙，店员就可以利用一下。最好的办法是将最后一本布尔加科夫和第一本布扎第抽出半截，然后将新书插在中间，轻轻地将它们一起推进去。有时架子上没有一点空隙，为了腾出空间，店员或许就要将下面三格架子上的书改为书脊向外，将第二格架子上的两本书移到第三格，或将第一格上的五本薄书移到第二格，腾出地方放置新书。周而复始，不断重复。所以尽管看上去书店茁实笨重，但其实是流动的，始终在运动中。

当图书到达书店的最初三个月过后，书店可以随时将书退回出版商冲账。退货是书业的一个重要特性，这使得书商不至于冒太大的风险。但退书给出版商的邮费由书商支付，吃掉书商不少现金。退书也给出版商造成负担，这是书业的痼疾，还没有人想出什么解决办法。如果我们一包二十五本书在三个月内没有卖出，书商可以全部退回或留下几本。退给出版商的书可能作为新书再转售给其他书店。只要一本书经过运输、上架和包装退货，总会留下痕迹。如果你买了一本新书，但觉得它像是转过了半个世界，没准你还真没走眼。

让我们悲观地想象一种书的大多数复本都退给出版商，于是出版商积压了首印五千册中的三千册。目前，如果一种书卖得不够快，出版商经常会在第一年的年底就宣布该书绝版。在这个缓慢的行业中，书的寿命有时如闪电般短暂。但并不意味这些书在书店的寿命已经终结。出版商会将库存图书作为绝版书降价出售给专营滞销书的公司。这些滞销书会被贴上“原价二十五美元现价六美元九十八美分”的标签重新出现在书店中。这些滞销书因其高折扣反而成为书店的卖点，五折或更高的折扣，而且不需要严格的库存控制。出版商可以抵消部分损失，倒霉的作者就被排除在外了——这些滞销书即使卖掉了，他们也拿不到版税，只好作为作者下一本书的广告。对顾客来说，这可是捡金子——去年你看到这本书，喜欢得要命，但是买不起——现在就摆在那里，不到半价。嘿！你可以买更多的书了。

||||||||

图书尽管历经多道工序才被放在展示台上或隐藏在分类区中，但它的生命才刚刚开始。顾客发现它，一见如故，于是拿起来；也许带着它转遍书店，又挑了三四本书，然后坐在书店破旧的天鹅绒安乐椅上，一边浏览一边喝上一口拿铁咖啡……行了，她选中了第一本。如果她是一个懂规矩的顾客，就会将不要的图书放回到它们正确的位置，然后走向收银台。

此后这本书可能会有几种未来。也许马上被带回家如饥似渴地阅读，甚至更为迫不及待，直接带到咖啡馆就被打开。也许读者会在红灯时翻开前几页扫上几眼，一旦到家，这本书也许就被放到准备阅读的一摞书的上面，或者下面，在那里等上好几年。在我现在未读的书堆里，我找到克劳迪欧·马格里斯[14]写的多瑙河历史和一本研究全球移民模式的专著，还有DNA和语言类的书，它们已经成为家具的一部分，虽然我一直想读这些书。也许明年，在我读完《埃涅伊特》之后——这本书是我二十五年前买的，早就放在我永久收藏的书架上了。

或许这本书是买来作为礼品的。书籍确实可以当作绝好的礼品，但因为其特质，书籍也会成为虚情假意的代表。问我的任何一个教子或侄儿侄女，“哦，看哪，”大家都听见他们说过，“刘易斯叔叔又送了一本书，哎呀，真让我感到惊喜，谢谢。”我克制不住自己，我必须送他们图书。你可以出于礼貌感谢送礼者，但真正的感谢要等到书籍被阅读以后。这就是书籍作为礼品的滞后性。

选择书籍作为礼品总是有风险的。也许你喜欢弥诺陶洛斯[15]，但你不知道你的密友并不认为谈论这种半人半兽的书籍有什么意思。这有点像送人一件尺码不对的毛衣，只是图书要在三百七十万种尺码中选择。将书作为礼品也许令双方都很尴尬：受礼方一下子不知道说什么；送礼者也许要等上几个月或几年才能得到最终的谢意。所以送书的结果，往往是双方顾左右而言其他。

但也别因此而却步。挑那些有漂亮封面的书，你就会先听到赞叹的声音；而且知道一本新书，恰恰因为它的持久性和普遍性，总能交换到他们真正期望的那本。

图书被快乐地制作、购买和阅读过了，但它的书架生涯并不一定就结束了。作为一个书商和一个销售代表，我曾拥有过的图书远多于我家里书架上的。有段时间我试图将它们全部保留，但这一追求很快就成为虚妄；现在我只保留那些我肯定要再看的，那些在我死前一定会读的，以及那些因为审美或感情上的牵挂而无法割舍的。如果我妻子和我不清空一些书架，只保留那些我们肯定会再读的图书，我的女儿就没有地方待了，更别说她还有她自己的书籍。所以在过去的八年间，我们成了旧书店的常客。

旧书店真是一个景观。你送去你喜欢的书、你讨厌的书甚至破相的书，你得到现金或划账，用它可以购买更多的图书。如果书店兼营新书和旧书，就像旧金山的“绿苹果”，它自诩为“疯狂的城堡”，即便去一次，回来时就得腰酸背疼地拖着箱子横跨城市，也是值得的。我拿了一本菲利普·罗斯【16】的新著，再买一本有着可爱皮革封面的马可·奥勒留【17】的《沉思录》，我可以说服自己实际上是省了钱，账上还有余款可以再来一次，转念一想，算了，今天就把账上的钱用完拉倒。

对我而言，出售自己藏书的一大幸事是，我知道我卖掉的那些书会开始新的生涯。这些书会去一个新家，也许会在那里待上一辈子，也许会再次被交换出去，但不会龟缩在我的书架上，或更不幸地被打入车库的箱子里。在一本旧书的内封里看到原先主人的名字会激起怎样的一种好奇心啊！如果这位读者再加上一些批注——“太令人沮丧了！”“喜欢这一点。”“什么意思？”——就更令人神往了。这位无意之中与我分享这个想象世界的快乐的人是谁？或是扉页上浪漫的献词——“亲爱的波波林克，希望你永远喜欢这本书，当你打开它的时候我就在你身边，爱你的，克利夫。”——背后有什么样的故事？波波林克和克利夫之间肯定发生了什么，出了什么变故？

第一次我在一家旧书店里发现自己的一本书时，刹那间感到很沮丧（实际上是感到被击溃了），要知道那本书刚出版了一个月左右。难道它真是一本毫无趣味的小说，让人看了开头几页就出手了？仔细地观察后发现这本书被读过：书脊已经开裂，书页也被折过。这个事实并不能马上抹去我的羞耻；即使被读过，也可能是伴着轻蔑和哈欠。但慢慢地我开始欣赏——我不得不欣赏——旧书店伟大的传承，它使这些图书保持生机和运转，否则这些图书或许就会变成古埃及浴室的燃料。旧书店代表着旧物利用的极致，这是一种影响巨大和产生实际效用的努力，对我们的文化和物质生活是不可或缺的。

但旧书店也还有它的局限，淘书则要不留死角。第一要注意的，是有一种叫“钱罐”的廉价书摊，通常是前门外面的一张桌子或推车，那些书标价五十美分或一两美元。别认为这些廉价书都没有质量，我最近在绿苹果淘到一本 E.L. 多克托罗【18】的《拉格泰姆时代》，只要一美元。我原来就一直打算要看这本书，现在终于看了。只要区区一美元。

廉价摊之后就是免费书箱了，通常堆在地上，里面尽是些过时的课本。我喜欢留意本地的免费书箱，记下里面有什么，过些天再去核对，发现里面少了一本一九六三年的弧焊手册，还有其他的小册子和旧杂志。

上个星期，我在我居住的社区最繁忙的一个交叉路口的垃圾箱上，发现一本散文家洛伦·艾斯利【19】的《无尽的旅程》。这还是本初版，带着护封，品相也好。它是一九五七年出版的，看上去从来没被翻过。这本书是在一堆书的上面，按照城里的一条好规矩，这些书是可以拿走的，但我还是带着一种奇怪的犯罪感环顾四周，好像我打算行窃似的。我妻子和我都喜欢艾斯利，而且一周前刚谈起过他，但我们没有这本书。尽管不太体面，我还是抓起书，回家去也。

【1】Charles Stanhope (1753－1816)：应为第三代斯坦厄普伯爵。英国政治家、科学家及发明家。英国皇家学会会员。

【2】Friedrich Gottlob Koenig (1774－1833)：德国发明家。

【3】该出版社当时推出“不列颠及美国著者”丛书以满足在欧洲旅游或生活的英语读者的需要。它不仅开创廉价平装本的先河，而且促进了跨国版权协议的建立。

【4】即美国国会于1944年通过的《军人重适社会法案》。该法案规定了美国二战复员军人可以享受的各种福利。其中包括国家支付复员军人的学费并提供学习期间的生活补贴。

【5】该词相对Frontlist（新书）而言。指一本书出版推广期以后仍继续销售的图书。

【6】美国鲍克公司（Bowker Co.）按年度出版的收录美国可供图书的书目。

【7】Arion Press：位于美国旧金山市，以出版文学名著的精美限量版闻名于世。其出版物为许多图书馆收藏。

【8】Barry Moser（1940－ ）：美国插图画家。为200多种图书绘制插图。美国国家图书奖得主。

【9】Stephen Dobyns（1941－ ）：美国诗人、小说家。

【10】出自英国作家乔治·奥威尔的小说《1984》。书中的“老大哥”无处不在，时刻监视着人民的一举一动。

【11】自2007年起ISBN扩展为13位。

【12】旧版ISBN的第一部分为国家代码，表示文种、国别和地区，从一位至五位不等。

【13】Brodart：成立于1939年，是美国最大的图书馆用品公司。

【14】Claudio Magris（1939－ ）：意大利作家。

【15】希腊神话中的牛头人身怪物。

【16】Philip Roth（1933－2018）：美国小说家。美国国家图书奖得主。

【17】Marcus Aurelius（121－180）：罗马皇帝、哲学家。

【18】Edgar Laurence Doctorow（1931－2015）：美国20世纪70年代以来涌现的最著名的后现代派小说家之一，已出版了十几部作品。《比利·巴思格特》被誉为他的最佳作品。

【19】Loren Eisley（1907－1977）：美国人类学家、教育家、作家。著有《达尔文的世纪》等。

不能因噎废食

人们为什么要从事书业？不是为了钱，或为了荣耀，或为了把握未来。答案很简单：喜欢。你喜欢书以至于相信书——任何书——都是重要的、近乎神圣的东西。你还相信图书的自由贸易是社会民主制度的基石。在日复一日的繁文缛节和没完没了的上架中，这种崇高的情感也许隐没起来。但总有一些时刻，某些个人或团体会企图查禁某些书籍或控制公众得到它们的途径，届时书商的这一信仰就会得到真正的考验。

在书业历史的大部分时间里，书店基本上是游离于政府规定的限制之外的。作者和出版商经常受到明确的审查，书店却往往被忽视了，部分原因是它看上去就是一个商店，而不是一股强大的社会力量。不张扬是它的立身之本。这种有利的忽视可不是普遍的，苏联的书店就不在此列，苏维埃政府似乎从一开始就懂得如果要控制国民的心智，就要像控制写作和出版一样控制图书的发行。苏联的书店都是由政府建立和控制的，其缺点当然是严格控制售卖给公众的图书，但优点是由于政府对可以出售的图书实行补贴，所以书价比西方便宜。然而，有谁愿意总读关于英雄拖拉机手的小说呢？直到最近，美国在那里开设书店才被纳入政策而不算违规。

因为书店仍然——至少大部分——是夫妻经营的、微利甚至无利的买卖，倒也免受了企业排名和营利的压力。在二十世纪九十年代之前，那些超级连锁书店和亚马逊网站还没有起家的时候，书业中简直没有什么财富值得华尔街的青睐。

自书商首次设立店面展示自己的商品迄今，远离政府和企业的这些自由给予书店独特的地位。书商能卖任何书，这些书也总有人买，包括那些威胁和冒犯某些人的作品。几百年来，书店一直是捍卫表达自由权利的阵地。

自从十九世纪出版商和书商的分工更加明确之后，书商在很多时候不得不越俎代庖，像以前那样替代出版商出一些其他人或许不喜欢的重要文学作品。而在大多数场合，书商挺身而出是因为出版商不敢出版这些书。

一九一九年十一月七日，三十二岁的美国人西尔维亚·比奇在巴黎左岸的迪皮特朗街八号开设了她的书店。尽管“莎士比亚书店”这一店名很响亮,但只不过是个小店而已。比奇向新泽西的一个姑母借了三千美元，将一家洗衣房改成一间门面的英文书店暨收费图书馆，书店的中央是原先洗衣房的火炉。书店的大部分库存和全部家具都是从跳蚤市场淘来的。就在书店即将开张之际，比奇和她的书商朋友艾德里亚娜·莫尼耶[1]才注意到油漆工犯了一个错误。前门的一侧醒目地漆着“Book Hop”[2]，比奇既没有时间也没有钱去改正错误或更换招牌，反而还认为这与她的新生意挺般配，于是这个招牌就保留下来。尽管设施简陋，但比奇对她的书店却有宏伟的计划。她对书业一无所知，也从未有过任何经商的经验。她出身于一个富裕的长老会神父家庭，青少年时期曾随家庭居住在巴黎，从而产生了对这座城市的热爱；一九一六年，她跟随着第一拨美国移民——即后来著名的“迷惘的一代”[3]——重返巴黎。在一个酷爱读书的家庭的童年经历，使她对书籍有一种强烈的情感；在青春期的某个时候，比奇就萌生了有朝一日开办一家书店的朦胧想法。比奇个人的文学兴趣是英美现代主义文学——这个流派的代表人物有格特鲁德·斯泰因[4]，埃兹拉·庞德[5]，威廉·卡洛斯·威廉斯[6]，以及她的文学偶像詹姆斯·乔伊斯——他们正在改变时代的文学观念。

没有经验，却要开办一家专业的外文书店，其顾客又是些饥寒交迫的艺术家和作家，西尔维亚·比奇应该没有想到，她不仅将在事业上获得成功，而且还拯救了二十世纪一部伟大的小说。

||||||||

莎士比亚书店立即成为左岸艺术家的聚会场所：英国人、美国人、法国人和其他国家的人；作家、画家还有音乐家，纷至沓来。比奇将书店设计成一个舒适的场所，吸引她的顾客在那里驻足。书架沿墙排开，书店的主要区域更像一间起居室，布置了松软的沙发。墙上挂满了作家的肖像或作品：惠特曼[7]和爱伦·坡的照片；比奇喜欢的同时代人和顾客的照片；还有两幅威廉·布莱克线描原作。每当新作家访问莎士比亚书店，总会应邀将他们的照片挂在墙上，这可是比奇的营销高招，通过满足虚荣心来招徕回头客。

比奇积攒了当时最前卫的文学杂志[8]：《小评论》《金雀花》《日晷》《一隅》《自我主义者》和《新英国评论》，还有她去伦敦进货时收集的诗歌和小说。与二十世纪中叶前的书店一样，莎士比亚书店也是一家收费图书馆，顾客付费注册后可以一次借阅三本，借期可达三周；注册期一般分三个月、六个月或十二个月。格特鲁德·斯泰因是比奇最早的会员之一，但当她发现书店没有经典儿童作品《寂寞松林山道》和《一个利姆波罗斯特的女孩》后就要挟撤销她的注册，直到比奇提醒书店确实有这两本小说后斯泰因才罢休。

莎士比亚书店成为"迷惘的一代"所需要的远离故土的家，而对很多人来说，比奇的书店是他们在巴黎能够拥有的唯一邮政地址，也是一个他们肯定能遇见朋友的地方。邮件原本就堆在壁炉台上，旁边摆着书店主人所喜欢的儿童和宠物照片的镜框。但后来邮件实在太多了，书店的一个朋友从银行偷了一个信件架；以后邮件就可按字母分开摆了。莎士比亚书店已经被公认为巴黎文学界的中心，在那个时代也就意味着是世界文学界的中心。

二十年来莎士比亚书店的常客名单简直令人生畏：安德烈·纪德【9】、保尔·瓦雷里【10】、舍伍德·安德森【11】、斯科特·菲茨杰拉德【12】、欧内斯特·海明威、D. H. 劳伦斯、格特鲁德·斯泰因和艾丽斯·B. 托克拉斯【13】、埃兹拉·庞德、塞缪尔·贝克特【14】和詹姆斯·乔伊斯。

||||||||

西尔维亚·比奇在一九一四年就读过了乔伊斯的《一个青年艺术家的肖像》，当时她还和家人住在普林斯顿。从此她认识到乔伊斯的才华，开始留意他的作品，包括《小评论》一九一八至一九二〇年间连载的《尤利西斯》的部分章节。然而，她能结识她的文学英雄，完全是运气使然。

艾德里亚娜·莫尼耶是位于莎士比亚书店拐角处的一家法文书店的老板，她接到庞德的门生安德烈·斯皮尔【15】通过庞德夫妇转交的晚宴邀请。莫尼耶本人并不欣赏斯皮尔的诗歌，于是央求比奇一同赴宴。当宴会的主人轻声告诉比奇，爱尔兰作家詹姆斯·乔伊斯也在座时，比奇刹那间就被急于见到作家的心情完全控制，她几乎要撇开主人冲将过去。晚宴中乔伊斯除了把住酒杯不让续酒外，几乎一言不发。晚宴后，比奇发现这位伟大的作家躲在书房里，无精打采地靠在两个书柜间的夹缝里看书，这使得法国主人们忍俊不禁。他们谈起乔伊斯最近离开了的里雅斯特【16】，关于《尤利西斯》的写作，以及他对流浪狗的恐惧。

乔伊斯第二天即来到书店，那天是一九二〇年七月十二日，此后十年中他的大多数日子都是在书店度过的。

西尔维亚·比奇绝对是一个善解人意且让人解除戒心的

人——海明威和她见面才一会儿就给她看战争时留下的伤疤；乔伊斯首次来到莎士比亚书店就向她倾诉他的拮据生活、恶化的青光眼以及他对新作品的构思。在那天离开之前，乔伊斯成为莎士比亚收费图书馆的会员，为期一个月——再长的注册费用就会超出他的预算。此后乔伊斯经常出入书店，兑现支票，做研究，再就是唠叨他为出版《尤利西斯》遇到的种种麻烦。

《一个青年艺术家的肖像》取得巨大成功之后，文学界都在期盼乔伊斯的下一部作品，一部他自己认为的天才之作，甚至超越他上一部著作的天才之作。当《尤利西斯》的部分章节首次在《小评论》刊出后，杂志的订户和评论家，以及杂志的承印商开始反对，许多人指责它淫秽不堪，没有一家英国出版商有勇气购买这部小说。在美国和英国,《小评论》被邮局和海关没收并焚毁。杂志的编辑玛格丽特·安德森【17】和简·希普【18】发誓要以杂志的品牌出版全书，但没有一家美国或英国的印刷厂愿意承接这笔生意。当时，一旦一本书因为淫秽而被认定违法，出版商和承印商都要承担法律责任;《尤利西斯》已经掀起轩然大波，不可能避开众人的耳目了。

一九二〇年，纽约反堕落协会在约翰·S. 萨默尔的领导下，向纽约法院指控《小评论》刊登《尤利西斯》的瑙西卡章节是传播淫秽内容，于是玛格丽特·安德森和简·希普受到审判。在庭审期间，当要宣读小说的相关章节时，三位白发法官中的一位要求法庭上所有的女士退庭，辩护律师约翰·奎因不得不提醒法官，法庭上的女士正是被告——淫秽作品的出版商。于是法官推断，这位“年轻女士”一定不明白书中的人物在干什么。

审判的结果显而易见。即使约翰·奎因也直言他并不喜欢乔伊斯，并坦率地告诉他的委托人肯定会输掉这场官司。他能够准备的最佳辩护方案就是认定《尤利西斯》不是文学作品，而是不知所云的“天书”，非一般成年人能够理解，因此也无所谓淫秽。约翰·奎因作为一个律师也许没什么才气，但却是一位精明的投资人。在审判期间，他通过比奇的安排，购买了《尤利西斯》的原始手稿，付给乔伊斯不菲的稿费，他当时就肯定这部手稿将来价值无法估量，事实证明的确如此。

一九二一年二月二十一日，玛格丽特·安德森和简·希普每人被判罚五十美元，并不得出版《尤利西斯》的其他章节。乔伊斯直到三月底才得知判决结果，他立即前往莎士比亚书店与比奇谈论此事。经过一年的交往，比奇已经成为乔伊斯的知心朋友；乔伊斯，一个羞涩和非常拘谨的人，已经被比奇的聪慧、诚实以及得体的举止折服。在得知所有的英国出版商都对乔伊斯关闭了大门时，比奇立即建议由莎士比亚书店接手出版这部小说。

||||||||

莎士比亚书店在最初的《尤利西斯》广告页中宣布，小说将于一九二一年秋季问世，但事实证明对于一本命运多舛的书来说，这个期限过于乐观了。

首先，要找到顾客。这本书打算只出一千本的限量版：一百本用手工制作的荷兰纸，一百五十本用波纹纸，七百五十本用标准的手工纸，全部用精致的法国传统纸皮封面装订。《尤利西斯》分别定价为三百五十、二百五十和一百五十法郎，无疑是当时最贵的平装本。书店的朋友签订了购书合同，作家和艺术家则在巴黎四处征订，他们带着空白的征订单奔波于名人参加的各种聚会。

该书的印刷和排版工作与小说同样值得纪念。比奇出于对英国人傲慢的憎恶，通过她的朋友莫尼耶联系了第戎的印刷商莫里斯·达朗蒂埃[19]。出版该书最大的问题之一就是法国的排字工匠必须——而且用手工——排出有史以来用英语写作的最难懂的小说，而他们本身对这种语言就不甚了了。达朗蒂埃，一个世代传袭的优秀印刷匠人，尽管深谙其中的风险，知道除非征订费都能收齐，否则他根本拿不到工钱，却毫不畏缩。

但小说印刷过程中最大的困难最终来自乔伊斯本人。乔伊斯小说的手稿非常难认，而且在巴黎的英语秘书们打字期间，他还在不停地修改，大量地修改。这部小说排版后长达七百多页，在誊写手稿的十一个月中历经九位打字员之手。其中一位只干了几天就敲开了乔伊斯的门，含着眼泪将一摞稿纸劈面掷去，不等领钱就夺门而出。即使当书稿打印完毕交达朗蒂埃排版后，乔伊斯还在小说的校样上进行修改，而他的手书因为眼疾几乎不可辨认。乔伊斯后来估计《尤利西斯》有整整三分之一是在排版校样上写的，这些校样只有西尔维亚·比奇才被允许为达朗蒂埃解读。

乔伊斯认为《尤利西斯》的纸皮封面应该选用希腊国旗的颜色，蓝色的纸上套印白色的字，比奇也同意。蓝色必须完全准确，因为对乔伊斯而言它代表小说的荷马特征，以及古希腊雅典城邦言论自由的传统。乔伊斯和比奇转遍法国寻找合适的颜色，结果发现只有一种耗资不菲的平版印刷方法可以保证准确的套色。

在这期间，比奇迁店至新址，尽管搬家总是令人脏累不堪，但这次搬迁对比奇而言显然是一大好事。新店位于旧店拐弯过去的奥德翁路十二号，面积大了不少，有两间房间——

而且就在艾德里亚娜·莫尼耶法文书店的对面。比奇和莫尼耶也更为亲近。莫尼耶有出版经验，在书业的各个方面都是比奇热心的老师和朋友。

虽然延误了好几个月，清样最终完成了。乔伊斯的四十岁生日，一九二二年二月二日，很快就要到了；乔伊斯和比奇都视其为吉日，因数字重叠在希腊占数术中是很讲究的，比奇打算在这一天将完成的图书呈献给它的作者。一周之前，达朗蒂埃已经告诉比奇这是不可能的，他还需要几周才能最终出书，但比奇要求达朗蒂埃必须做到。于是在二月一日的傍晚，她收到电报让她接早晨七点来自第戎的快车。次日早晨在北站，西尔维亚·比奇拿到了一个小包，里面是两本完成的《尤利西斯》。

比奇将第一本给了乔伊斯，把第二本放在莎士比亚书店的橱窗里。当次日书店开门时，已经有一群该书的订户守候在外面，喊叫着要取书。但他们还要再等上六个星期。

||||||||

比奇知道向海外订户发行《尤利西斯》注定是个难题。英国和美国的邮局和海关一旦听说出版的消息，就会严密监视这本声名狼藉的小说。在大批图书首次从第戎运抵时，乔

伊斯就明智地建议比奇应该在消息没有传开之前立即将全部图书寄往英国和爱尔兰，于是二人当天就在莎士比亚书店里打包和写地址，订户足足有数百个。詹姆斯·乔伊斯是位天才，但他不是书商。在往包裹上贴标签时，乔伊斯用了太多的胶水，还将标签粘到身上，比奇不得不从他的衣服和头发上将标签扯下来。乔伊斯和比奇在得知书的重量是两千五百五十五克时都很高兴，觉得又是一个吉祥的数字。他们也为书的质感和外观而激动，一本简朴但雅致的图书：封面的上半部是白色的书名，作者的名字位于下方，封面是希腊国旗的湛蓝色。

将书寄给美国订户则会更加困难，因为出版的消息肯定先于第一艘船到达。莎士比亚书店的另一位常客欧内斯特·海明威想出了一个方法。海明威在芝加哥有一位名叫伯纳德·B 的朋友（其真实姓名至今仍是秘密），他会在多伦多租一个公寓套间。因为该书在那里还没有造成麻烦，加拿大官员是不会想到查禁的。书到达多伦多后，B 先生每次将一本书秘密地揣在裤兜里，坐渡船进入美国。这种方法持续了几个月，在临近完成时，B 先生越发紧张，他又请了一个朋友帮忙，每天两个人在裤兜里各揣一本书，从多伦多跨越边界。

当时许多边境口岸都发现了第一版以及随后版本的《尤

利西斯》，它们都被没收并焚毁。在出版后的十二年中，莎士比亚书店版本的《尤利西斯》是唯一授权的版本，即使欧洲流行的若干盗版也是以比奇版为蓝本的。西尔维亚·比奇这个版本的实际印数超过一万册，在那些年中，她始终在为将书安全地送到读者手中而奋斗。

一九三三年十二月的第二个星期因美国宣布撤销某些禁令而引人关注。禁酒令已被正式取消，美国纽约地区法院的法官约翰·M. 伍尔西[20]于十二月六日也解除了对乔伊斯小说的禁令。两个月之后，一直为此上诉并支付法律费用的兰登书屋出版了第一部普通版的《尤利西斯》。比奇终于卸下这部小说的重负，并高兴地得知这本书可以自由地在世界各地流通。随着乔伊斯收到这本书的稿费，其中多数是小额贷款和预付款，比奇最终也从这本书挣到了一些钱。

||||||||

莎士比亚书店在经营了二十二年之后，于一九四一年十二月关闭。德国于一九四〇年六月占领了巴黎，但比奇和许多巴黎人一样，选择留下，作为这座城市及其生活方式的守护者。

十二月的一天，一位德国高级军官出现在奥德翁路十二号小店的门前，告诉比奇他要买一本乔伊斯的最新小说《芬尼根的守灵夜》，这本书正陈列在书店的橱窗里（《芬尼根的守灵夜》分别由英国的费伯－费伯出版社和美国的维京出版社于一九三九年出版）。这位军官自称痴迷英国文学，尤其崇拜乔伊斯。他相信这本书有助于他掌握英语习语。比奇告诉他不能卖掉这本书，因为这是她手头最后一本，是她个人的藏书；当军官离开后，她将所有复本都藏了起来。

一周后，那位军官再次前来要求购买《芬尼根的守灵夜》。没有了，比奇告诉他，她很抱歉，但确实都卖完了。军官威胁说他还会再来，那时如果不依从的话，他将没收所有的图书。但比奇没有屈服，军官也就离开了。

比奇立即去找她的房东，安排租下大楼四层空着的公寓，在随后的几小时内，西尔维亚·比奇和艾德里亚娜·莫尼耶在朋友的帮助下，将所有图书，总计约五千册，以及杂志、照片和家具，全部搬到四层。他们将藏身公寓的入口做了伪装，然后涂去了莎士比亚书店的店名和地址，他们在莫尼耶的书店里看着前来没收图书的德国士兵在空荡荡的店堂里发泄怒气。

莎士比亚书店的物品一直藏至巴黎解放，但书店再也没有开张。

每年九月的最后一周，图书行业都要举办被禁书周，以纪念他们反对书报审查制度的斗争。自一九八二年起，全美国的书店和图书馆都在这一周展出被禁的图书并举办活动，把成为审查目标的图书——其中多数是虚构作品——公之于众，并阐明这些对言论自由的攻击会产生什么后果，以及如何制止这些审查。被禁书周由美国书商协会、美国书商言论自由基金会、美国图书馆协会、美国记者和著者学会、美国出版商协会和全国大学书店协会主办，国会图书馆爱书中心协办。大赦国际也加入了斗争，同时也举办一个被禁书周，以声援国际上因作品获罪的作者、出版商和书商。

被禁书周的目的是要告之公众，在过去的一年中有哪些书籍遭到“指控”。所谓遭到“指控”是指这些书受到由个人或政治及宗教组织正式提出的控告；这些指控经常要求将这些令某些人不快的书籍从公共和学校图书馆的书架撤下，或从课程目录中删除。在二十世纪九十年代，美国图书馆协会思想自由办公室共记录了六千五百起正式的指控，二〇〇一年只有四百四十八起。思想自由办公室相信他们收到的报告仅占实际指控的四分之一。被禁书周的目的是通过传播这些信息，使得指控仍然只是指控，这些书籍仍会留在书架上。

人们可以想象，至少在美国，这些指控大部分是针对面向青少年读者的书籍。其理由五花八门，但可以归为简单的几类。这些书籍被要求远离儿童是因为涉及性描写、淫秽语言、内容不适合某个年龄段、暴力、同性恋、神秘学或宣扬与控告人不符的宗教信仰等。

受到指控的图书和作者的名单每年不同，但其中也有一些常客。在新的世纪中受到最多指控的前十名作家是：J.K. 罗琳，罗伯特·科米尔，约翰·斯坦贝克，朱迪·布鲁姆，玛雅·安格洛，罗比·H. 哈里斯，加里·帕尔森，沃尔特·迪安·迈尔斯，菲利斯·雷诺兹·奈洛尔，贝特·格林。如果你没有听说过其中的一些名字，那就问问你的孩子；这些书大部分都是针对青少年受众的、给刚成年的人看的小说。

受到指控的并不仅仅局限于供年轻读者阅读的书籍，在拉德克利夫出版课程[21]列出的二十世纪一百种最佳小说中，共有四十二种受到过正式指控、全部查禁或被政府机构正式删节。

尽管被禁书周也许主要是一个象征性的活动，但还是有其实效。一个顾客因为受到被禁书周的吸引，来到书店，决定还是要读拉尔夫·埃里森[22]的《看不见的人》。无论在家或火车上阅读这本书，读者都会被这本具有想象力的著作打动。于是可能开始产生一个问题：为什么有些人要将这么一本书打入冷宫，于是他就可能成为下一个挺身而出的公民：不！你们无权限制我们的想象。

没错，这过程确实缓慢，但决非毫无作用。

||||||||

在反对审查制度和坚持书店作为言论自由阵地的斗争中，书店为实现这些目标付出的大部分努力都体现在日常工作里，在店面中。这些斗争并非轰轰烈烈或法律层面的，而是发生在顾客或书店雇员中。也许有某个顾客或者雇员要求将某种书从书店撤除，因为它在某些方面触犯了某个人。但尽管每家书店总有一些书籍令某些人不快，以此为由就要求将它们撤除可能会导致最强烈的回绝。

虽然每家书店进书都是赊账，但也不会进过多的品种。一个书商选择不进某种图书是因为它不适合他们的顾客，或只因为不喜欢这本书的封面。当然，他们也可能进一些明知没有销路的书。也许出于喜欢决定备齐阿尔巴尼亚小说家伊斯梅尔·卡达莱【23】的全部作品，即使很清楚这个作家的名字不可能出现在任何畅销书排行榜上。书商进或不进某本书的理由千差万别，但要命令书商不要进某些书，必然要碰一鼻子灰。

任何一个销售《花花公子》或《阁楼》杂志的书店肯定都受到过指控；这些杂志一般被认为是对妇女的侮辱，儿童不宜，这些看法当然没错。在普林特斯书店时，我们不公开卖这些杂志，它们被藏在柜台下面，不让未成年人看见，但有一位非常认真的仁兄认为这种防范措施并不够。他指控这类杂志败坏世风，因此光是藏进柜台并不足以让他释怀，于是这位仁兄在社区征求签名，要求书店停止销售。在普林特斯，这类决定都要经过多次雇员会议达成一致意见后才做出。双方的辩论非常激烈。当然，我们几乎都同意相关杂志确实不符合女权主义的观点，但我们销售的那些时装杂志——《ELLE》《时尚》和《VOGUE》——又怎么样呢？它们不是同样将女性物化吗？是的，它们是针对女性受众，而不是要物化女性的男人。那《花花女郎》又算什么？它是要物化男性，还有……那些艺术书籍中的裸体又算什么？很快我们打算要剔除的书单就变得很长了。最后的共识是——要知道让三十个各持己见的店员达成共识是多么困难——这是个人选择的问题，书店的义务是销售我们顾客需要的任何书籍。我们还认为反抗审查的压力是我们的义务，即便在本案例中这种压力是以一个认真的个人的形式出现的。这位认真的仁兄在随后的几天内继续他的征讨，但发现普林特斯的忠实顾客还有更重要的事情需要考虑。

另一本给书商造成持续麻烦的书籍是《无政府主义者烹调手册》，一本介绍颠覆现实的策略及方法的手册。该书中有一些真正危险的内容，尤其是教人如何在家制作炸弹和武器的章节。该书的其他部分并不具有破坏性，然而确实代表了一种确凿的政治观点。许多书商不会销售该书，大部分会避开未成年人，但也有一些书商将它和其他书同样对待。该书产生了一个棘手的问题，就像选择是否销售《我的奋斗》一样困难。书商是否仅仅为了捍卫民主社会的言论自由就应该销售他认为内容令人反感的书籍？是否应该由读者，由图书的购买者做出这个决定？大部分书商对这个问题的回答绝对是“是”。不让接触这类书籍是对我们艰难赢得的伟大自由的另一种侵蚀。

使得普林特斯书店爆发最激烈战争的一本书是休·洛夫廷[24]的《怪医杜立德》。一个人幻想学习和动物说话怎么可能令人反感？但这本书出版于一九二二年，书中使用了一个在当时很普通但此后被认为具有浓重种族主义色彩的词：黑鬼。店里的人都同意一点，即对于洛夫廷语境中对该词的使用没有什么可以辩护的，即便他也许只是随意而语。但是否因为一个词就否定了一本书全部的价值？历史原因是否足以成为保留这本书的理由？另外一些使用这个词、但是为了谴责而不是支持种族主义的书呢，如《哈克贝里·芬历险记》

或《凝望上帝》，我们可以信任购买该书的父母甚至孩子本身有更深的理解能力吗？这场争论持续了数周，举办了会议，张贴了意见，书店里爆发了激烈的辩论。最后达成了几项妥协：我们要在该书的每一册贴上一个启事，或者将每本书中的这个词涂掉，但又觉得这些行径与警察别无二致。最后，我们决定，也是不得不决定，保留该书。我们不能改变过去，正如后来证明的那样，我们也不想改变过去。我们感到，抹掉过去的一部分就可能失去全部的过去。

在我担任销售代表时曾与一位儿童图书的采购员发生过激烈的争执。这件事最令我们——那位采购员和我——尴尬的是争执就发生在店面的儿童图书区，周围有十几位顾客在场。

引起争论的是一本刚刚上榜的图画书，当时我正在向这位采购员介绍这本书，看她想订多少册。这是一本教算术的书，以美国西南部为故事的场景，书中的角色是一些身穿该地区印第安人服装的兔子。我用我们习惯的那种夸张口吻指出这本书是经过认真研究的，其中的服装和活动都跟真的一样。那位采购员很不以为然，说永远不会为她的书店买这样的书；她对将印第安人画成动物提出异议，觉得这本书没有人性。我反驳说许多儿童书，即使不是大多数，都是将人拟为动物。争论很快就升温了，我们二人不断地修正和重复我们的立场，随着争论的继续，嗓门也越来越大，我终于失去了冷静，跳起脚来在儿童图书区的中央大声地嚷道："他们不就是该死的兔子！它不就是一本该死的儿童书吗！"嚷完后我就冲出了店堂。事后这位采购员和我成为密友，后来我们也时常谈起我们是多么欣赏这场争论，不是欣赏争论本身，而是欣赏当时的那种激情，以及当时的那种场面，一本儿童书，一本关于兔子的小册子，居然重要到使人忘记了体面。

||||||||

今天，在书店以及它们的顾客之间，思想和书籍的自由交流受到强烈冲击。《爱国者法案》是二〇〇一年"9·11 事件"后强行制定的法律，其中第二百一十五条授权 FBI 调看书店顾客的购书记录，FBI 还可以抽调图书馆的借阅记录。在进行这类调查之后，FBI 还对相关书商和图书馆下达了封口令，不准他们泄露有多少和有哪些记录被调走。那些记录被调查的顾客永远不会被告知受过调查，政府也不会公开调查的细节，甚至不会承认进行过这些调查。《爱国者法案》中的该部分条款在二〇〇五年又被延续十年。

每当你在书店使用信用卡，或在网上购买一本图书，或在图书馆借阅一本图书时，政府会在你不知晓的情况下，可以无须说明理由地随时监视你。但政府说：请相信我们不会滥用这种权力。司法部迄今仍然拒绝公布关于这些调查的数据及获取的情报，包括对进行过多少次调查这样简单的数字都讳莫如深。为了保卫我们的自由——基于反恐战争的使命——我们的政府宣布我们（人民）的自由是可侵犯的；它还在宣布我们的隐私是无效的同时保护它自己保密的权力。

美国书商言论自由基金会、美国公民自由联盟和美国图书馆协会与其他拥护言论自由的组织一起，提出了一些反对这个极端措施的法律诉讼。一些书店建议顾客支付现金，避免他们的信用卡收据泄露他们的阅读爱好。

我们的政府是根据宪法宣誓就职的，居然无视保证自由表达思想的第一修正案。没人直接告诉我们应该或不应该读什么书，但我们购买或借阅什么书籍却尽在政府的监视之下。反抗审查制度的斗争尽管和书籍一样古老，但仍在持续。然而，这些反抗中最令我别扭的是，这个名称荒谬的《爱国者法案》针对的众多目标之一就是书店。数百年来，主要因为书店的边缘地位，它一直是我们最宝贵的理想的奇妙家园。现在，它也被监视了。

二〇〇一年反恐战争开战后的数日，我来到世界上一家伟大的书店——旧金山的城市之光书店。在书商、出版商和诗人劳伦斯·费林盖蒂的正确引导下，该书店自一九五三年开办以来，出版了大量伟大的文学作品，其中包括里程碑式的出版物：艾伦·金斯伯格的《嚎叫》（该书的第二次印刷本被海关官员扣押，但经过一场花费昂贵的审判后被交还了）。在二〇〇一年的这一天，当我来到书店时，书店的正面垂着五面巨大的条幅，上面彰显着书店最崇高和最强大的目标。每个条幅上都有一个被美国国旗堵住嘴的脸部画像，以及一句正当其时的格言：异议并非反美。

【1】Adrienne Monnier（1892－1955）：法国先锋派作家。她于1915年在巴黎奥德翁路7号开设了“书友之家”书店。

【2】书店的英文为“Book Shop”。店招上少了字母“S”。而“Hop”有“跳跃”的意思。

【3】指一战或战后成年的年轻人，因战争经历及时局动荡而感到前途迷茫，失望，因而玩世不恭。也指那个时代浪迹欧洲的一批美国作家，如海明威、菲茨杰拉德和帕索斯等。

【4】Gertrude Stein（1874－1946）：侨居法国的美国女作家，20世纪二三十年代文化圈里的传奇人物。

【5】Ezra Pound（1885－1972）：美国意象派诗人，著有《在地铁站内》等。

【6】William Carlos Williams（1883－1963）：美国后现代主义诗歌的鼻祖。代表作是长诗《裴特森》。

【7】Walt Whitman（1819－1892）：美国诗人，著有《草叶集》等。

【8】这些杂志均属于20世纪20年代起盛行的“小杂志”，专门发表当时不太著名的作者撰写的文学、艺术及社会评论文章。许多撰稿者日后均成为文坛巨匠。

【9】Andre Gide（1869－1951）：法国家喻户晓的作家。主要作品有小说《田园交响曲》《伪币制造者》等，散文诗集《人间食粮》等。1947年获诺贝尔文学奖。

【10】Paul Valery（1871－1945）：法国作家、诗人。他不仅以《海滨墓园》等不朽的诗篇赢得了永恒的声誉，在文艺批评和诗歌理论领域同样卓有建树。

【11】Sherwood Anderson（1876－1941）：美国小说家，美国文学史上重要的起承人物，著有名作《小城畸人》。

【12】F. Scott Fitzgerald（1896－1940）：美国小说家。其代表作是《了不起的盖茨比》。

【13】Alice B. Toklas（1877－1967）：美国人。格特鲁德·斯泰因的秘书、厨师及密友。

【14】Samuel Beckett（1906－1989）：爱尔兰剧作家、小说家，诺贝尔文学奖得主。他的代表作品《等待戈多》以荒诞的画面、支离破碎的情节，反映了人类生存状态的荒诞不经。

【15】André Spire（1868－1966）：法国诗人。

【16】意大利东部港口城市。

【17】Margaret Anderson（1886－1973）：美国作家。《小评论》的创办者兼编辑。著有《自传》《禁火》等。

【18】Jane Heap（1883－1964）：美国人。《小评论》编辑。

【19】Maurice Darantière（1882－1962）：法国印刷商、出版商。他还参与了著名的“七星文库”的出版和印刷工作。

【20】John M. Woolsey（1877－1945）：美国纽约市联邦法官。曾援引美国宪法第一修正案做出许多重要的判决。其判词以“睿智和犀利”著称。

【21】始于1947年，现更名为哥伦比亚出版课程，是美国书刊出版界著名的入门课程。

【22】Ralph Ellison（1914－1994）：美国教师、作家。《看不见的人》是他的代表作。

【23】Ismail Kadare（1936－ ）：阿尔巴尼亚小说家。著有《H档案》《科索沃的挽歌》等。

【24】Hugh Lofting（1886－1947）：美国儿童文学作家。曾获纽伯瑞儿童文学奖。

灯光温馨的书店

一到书店我就不能自持。任何一家书店，从货源最为充足的巴黎书城到塔克松狭长购物中心里无名的书店，都有各自的惊喜。自从书店三十年前第一次打动我的心，作为顾客、雇员、销售代表或游客，我已去过数千家书店。每一家都无拘束地散发着它的喜悦。

对于真正热爱书店的人来说，书店之间没有好或坏，酷或不酷之分。尽管我在独立书店工作许多年，担任销售代表时也注重它们的利益，而且十分肯定它们是一种被低估的文化机构，我仍然不能要求禁止连锁书店。我居住的地区有许多世界水平的书店，我经常造访这些书店，从那里买来的书籍堆满了书架却来不及读，但每当我在一个不知名的城市转机时总要到机场的书店转上一圈。我无可救药地迷上了所有的书店。

好些周日的下午，我和女儿出去散步，心知肚明我们要去附近的鲍德斯书店。这家书店很大，设有咖啡吧和品种齐全的CD和DVD区，而且总是人头攒动。一家老小、来自周边大学和高中的学生，排着长长的队。儿童区很宽敞，铺着地毯的台阶可供休憩和阅读。那里还有鱼缸，很好的创意。麦蒂知道她要挑一本自己喜欢的书，第二本则是我为我们家添置的，有时我甚至会给她母亲挑上一本，接着我会想，为什么不给自己买上一本喜欢的呢？书店的喇叭嗡嗡地招呼收银台需要帮手，咖啡吧嘶嘶地冒着蒸汽。在这个通常安静的社区里，在漫长、令人倦怠和头脑昏沉的周日，我和麦蒂选择来到这里，可能就是为了这个地方的嘈杂和拥挤——和那么多人混杂在一起可以驱逐周日的困倦。书店舒适且开阔，当我们离开时还要来杯热巧克力和一块饼干才算完美。

在一些工作日的傍晚，麦蒂和我也许会散步到街角的黑橡树书店，这是卓有声誉的伯克利书店的分店。黑橡树书店很简朴，几排整齐的浅色书架，基本没有装饰，就书店而言有些别具一格。书店的前排有一些新书，但主要还是销售旧书。儿童区不大，麦蒂之所以喜欢是因为她可以随意浏览那里的书籍，我们向正在前台闲聊的卡尔和玛丽亚打声招呼就钻进狭窄的走道。我们会认真地翻阅两三本书，最后选上一本。这种夜晚让我们心仪的是书店的安闲、平静、人少，我们似乎是仅有的顾客。当我们离开时，橙色的晚霞在西方天际燃烧，仿佛有一道绿光倏忽而过。我们知道睡觉的时间快到了，今天将有一本新书或两本“旧好”相伴。

我的一生都是在西海岸度过的，对东岸和中西部的书店所知甚少。我认为每个人都有一些自己心仪的书店，而我的书店经历完全出自机遇、运气和命运奇怪的转折：我喜欢这些书店是因为我偶然撞见了它们。逛书店的乐趣之一就是它们数量众多却各有千秋。在此，我简要地推介世界各地一些我喜欢的书店。

我家附近：旧金山

“狂妄的乌鸦”和普林特斯书店很久前就关张了，随后我感到最适意的书店就是位于阿斯伯里高地区中心的“书匠”书店。我曾在它的附近住过多年，步行就能到达，由于充任销售代表并在该店当过一次圣诞高峰时段的临时工，我结识了老板和几位店员并成为朋友。虽然狭窄拥挤，但销售的图书超出你的预期，是一家完美的城市书店。除了橱窗陈列很有创意，这家书店的品种齐备，尤其是令人激动和大涨见识的儿童区。它是儿童书商的楷模琼·维格里奥塔苦心经营十七年的成果——这是一家让任何城市的任何社区都会感到荣耀的书店。

但还有三个因素虽不如品种丰富那么显眼，却使得书匠书店更加诱人。经常守在前台或正在接电话的那个人居然是书店的老板加里·弗兰克。加里从不愿意闲坐在后屋或在那里订购图书，他几乎一直在第一线；正是这种投入使得这家独立书店欣欣向荣。其次是这里的顾客和街景——昔日的嬉皮士、洗心革面的朋克、新潮的年轻人、各种各样的家庭和一些游客——这些都使得它成为在人群中独处的绝佳去处。

最后，是书店的雇员休息室，尽管公众不得入内，但应该列入零售员工名人堂。休息室的墙上贴满了十五年来出版商的宣传材料，并经过书店员工的涂抹，包括好家伙卡尔、好家伙卡洛斯·桑塔那、好家伙卡尔·马克思和神圣的家伙卡尔。我最喜欢的一张几年前被覆盖掉了，那是一张乔伊斯《尤利西斯》的招贴，上面印着莫莉·布卢姆独白的最后一句，被书匠书店的一位店员改成："是的，是的，是的……我会在周五晚上替你看孩子。"

城市之光书店，因“垮掉的一代”经常出没而理所当然地声名远扬，开业五十年来依然是不可或缺的景观。书店临近哥伦布和百老汇大街的交叉路口，西面被唐人街环绕着，北面则是老北滩，东面是一排脱衣舞俱乐部，南面是旧金山商业区光怪陆离的天际线。这个地点因比邻众多不太体面的咖啡馆和三家大的酒吧（它的隔壁是维苏威，街对面则是斯倍克和托斯卡）而更加有名。在旧金山晴朗的日子里，你甚至可以碰见费林盖蒂本人站在街角，靠着他的自行车，凝视着他参与建立的这块美丽的地方。

这个地方本身就值得一游，但书店里的图书更是让你目瞪口呆。前门的收银台夹在破旧狭窄的楼梯之间，大量的新书就塞在各个角落或缝隙里。最让我惊讶的是世界上没有任何一家别的书店会像它那样，用如此另类的书籍吸引顾客：从冰岛的小说到五百页厚的购物拱廊史。正厅中摆满了小说，按照“城市之光”独有的方式排列：美国、英国、欧洲、亚洲、拉美，等等。那里还有“城市之光”自己出版的全部图书，以及品种繁多的文学杂志和期刊，而最引人入胜的是一架他们出版的诗集，其中有许多是用订书机装订的、模糊不清的复印件。然而，这家书店最最精华的部分，是沿着后楼梯上去的诗歌室，那是个可以有各种奇遇的安静洞窟，语词组成的白色空间的静谧驱走了城市的喧嚣。

城市之光书店在当地以顾客服务而著名，但也许不是你希望的那种。北滩附近有一家老派的意大利餐厅——运动咖啡馆（Caffe Sport），它的侍者教育你可以或不可以吃什么，只可以吃多少，你的进餐基本上是在他们的呵斥中进行的。但食客却趋之若鹜，为了享受这种待遇要排几个小时的队。“城市之光”的客服自然不会这么粗鲁，按我们的说法是太心不在焉了。顾客的询问经常招来一声厌世的叹气，然后待者随手一指，嘟囔出一个方向。如果你是常客，碰过几回钉子就再也不会去寻求帮助了，但可以坐在一旁看旅游者吃瘪。我不抱怨“城市之光”的客服，一点儿也不；没有它书店的格调就不一样了，所以城市之光书店近乎完美。

旧金山的另一家近乎完美的书店，是一家我对其文字一窍不通的书店。纪伊国屋书店位于日本城。这家书店很大而且热闹，销售期刊、图书、CD和文具。尽管书店销售一点关于亚洲的英文书籍，那里最吸引我的却是日文书，一种我既不会说也看不懂的语言，书的封面和封底正与我们的书相反。纪伊国屋书店属于梦中的书店，那里的景色似曾相识，每个细节又让我摸不着头脑，但这不是噩梦。在一个我看不懂书的地方，书籍成为一个无涉内容的物品，别有一番妙处。我凝视着这些外国文字，拿起华美的平装书，试图猜出它们的意思，但最终只是满足于徜徉其间。

||||||||

大书店和小书店

如果去一个大书店，你必然会联想到城市，不是书在城里，而是整城的书，就像小说家拉里·麦克默特里[1]在得克萨斯州的阿彻城开办的“预订”书店。该城是他的故乡，也是电影《最后一场电影》的外景地。这个只有一千七百四十八人的小镇居然挤进了四座书店。同在阿彻城的“三只狗”书店，除了提供一般图书，你还可以买到各式各样有麦克默特里签名的书籍，从初版到手稿，应有尽有。不过，麦克默特里最近宣布预订书店很快就要关张，至少要关上一阵子。

也许世界上最大的书店是威尔士的瓦伊河畔海伊镇（只有一千五百人），其中有四十家古旧书店。或者是俄勒冈州波特兰市的鲍威尔书城，这座书城其实是一幢单体建筑，但其销售的书籍品种之多使得它名不虚传。或者是曼哈顿的斯特兰德书店，有“十八英里长的书”（短袖衫上是这么写的）可以选择，只要你打得起精神。不过所有这些书店主要销售的都是古旧书籍。

销售新书的大型书店是丹佛的“旧封面”书店，它不愧是成功的典范。乔伊斯·米斯基士[2]于二十年前创业时，它还只是一个舒适的小书店，但因为其成功，在十二年中店面扩大了数倍，最后在忠实顾客的帮助下搬进了离原址几个街区的一幢四层楼房。新址有长长的报刊架，咖啡吧和地道的饭店。几年前旧封面书店开设了第一家分店，尽管只有三层，却带有壁炉和供儿童嬉戏的树上小屋，还有一间阅览室。书店备有十五万种图书，一百万册复本。

进入任何一家旧封面书店，你就知道自己一时半刻是不会离开了，因为那里的空间和书册都有一种镇静作用，如果你正要找某本新书，十有八九可以如愿。它的面积适中，让顾客觉得舒适而不是手足无措。它的店面被分成小间和隐蔽的角落，里面安放舒服的座椅、沙发和阅读灯。

书迷并非总要去一个品种浩瀚的书店，如果你偏向一个氛围更为亲密的书店，可以选择“格罗里埃诗歌书店”，它位于坎布里奇镇哈佛广场附近，店招是三只猫。它创立于一九二七年，以销售豪华版诗集和先锋派文学作品著称，是美国最早的专营诗歌书籍的书店。现在的业主路易萨·索拉诺于一九七九年接手以后，将重点转为经营普通版的书籍，目前备有诗歌、诗体学、诗歌朗诵磁带和诗歌杂志约一万五千种。它的店面是简单的正方形，天花板似乎比店面的宽度还要高，其规模和形状正适合它容纳的薄薄的书籍。它的空间不大，但在波士顿泥泞的季节，却是一个能与其他顾客摩肩接踵寻觅下一本书的好去处。

在亚利桑那州东南角一个有年头的铜矿小镇比斯比，有一家沃尔特·斯旺开办的"一本书"书店。当斯旺先生出版了自己的第一本书《我和亨利》——一部描述从前两个年轻兄弟在亚利桑那的故事——后，就在商业区的旅游点租下了一个小店面;大部分时间他都在那里工作。隔壁还有一家"另一本书"书店，是斯旺写完第二本书后开办的。近来另一本书书店的备货有些变化，包括了斯旺写的烹调书和一本儿童故事集。尽管书店销售的品种有限，但你愿意待多久就待多久，也许你还可以和作者交换一些故事。

书店般的城市

得克萨斯的预订书店和瓦伊河畔海伊镇可以称自己是书城，但只有一个城市可以冠以"书店之城"，并且是实至名归。巴黎可以而且已经拥有各种称号，但从一个书迷的角度看，巴黎理所当然地被视为书店的聚集地，而且这些书店能够幸运地与声名显赫的河流、人流如织的咖啡馆和庄严雄伟的建筑比邻而居。

巴黎的书店各具特色，无奇不有。那里既有巨大的连锁书店，FNAC 是其中的佼佼者，也有很小的旧书店，但更多的是介乎两者之间的各类书店。最让我向往的是巴黎的许多国际书店，拥有几乎所有语言和各种文化的书店：英国、美国、澳大利亚、匈牙利、希腊、意大利、德国、俄罗斯、波兰、葡萄牙、西班牙、拉美国家、阿拉伯国家、印度、日本、中国，以及至少两家加拿大书店：一家经营英语图书，另一家则经营魁北克的法语书籍。而这些只是迄今为止我的发现。巴黎还有一家最完备的销售电影历史书籍的书店，需要花上几天才能逛遍。还有关于烹饪、建筑和装饰艺术的书店，真是应有尽有，无所不有。

对于英语读者而言，没有比巴黎圣母院正对面左岸的莎士比亚书店更好的起点了。这已经不是西尔维亚·比奇开的那家，而是后人为了向她表示敬意沿用其名。乔治·惠特曼[3]自称是瓦尔特·惠特曼非嫡传的曾孙，他于一九五一年开办了名叫“蜜丝陀”[4]的书店，店址原是一家旧货铺，建于一六一一年，正是莎士比亚写作《暴风雨》的那一年。这家书店很快成为流亡文人的流连之处，于是惠特曼在六十年代初将它改名为莎士比亚书店，以纪念比奇，从此它成为遥远记忆的化身。今天，书店的前店是堆积如山的新书，其中许多与巴黎和莎士比亚书店有渊源，《尤利西斯》自不必言，还有海明威、菲茨杰拉德、斯泰因的书，甚至凯鲁亚克[5]的。这些书在任何地方都可以买到，但在塞纳河岸边买这些书总显得更加浪漫。

在逛完前店后，我们往里走，书店的风格开始接近原来的莎士比亚书店，它们的规模不尽相同，但至少在氛围上已有些神似。在三个楼面上，堆满了旧书和杂物的狭窄的楼道通向一间间逼仄的卧室，里面同样堆满旧书、旧沙发和旧椅子。顾客挤缩在这些角落里，很容易想象自己就站在乔伊斯背后，示意情绪亢奋的海明威安静一些，让他可以正经地看会儿书。旧店那些有名有姓的魂灵似乎就在店堂里游逛。如果你待的时间长一些，肯定会有这个或那个后起的诗人上来和你打招呼，为了几个法郎带你去逛逛周边的巴黎文学胜景。这里徘徊着很多的魂灵。

当我出版自己的第一部小说时，我送给我的密友肯·泰勒一本；他正要去巴黎度蜜月，于是我请他到莎士比亚书店，偷偷地把我的书塞到书架上。几年后，当我自己到巴黎度蜜月之旅时，我查遍书架，也没有找到我的书；也许是被某个游客买走了，最好是被偷走的。

我的第一次巴黎之旅是在我的蜜月之前，那是一次很棒的旅行——怎么能不棒呢——但令我伤心，当时法国正遭受飓风的袭击。一个雨天，因为实在想家，我往莎士比亚书店西面走了几步，撞进了一家名叫“村声”的书店，它只卖经过精心选择的英美文学书籍。这家书店绝对是一个远离故乡的家。当天和以后几天，每次前往都使我心情舒畅，所以它当得起这个称号。这家书店接受当代美国作家举办店堂朗诵会，任何一个作家，即使他的出版商不愿掏机票钱，也值得前往朗诵自己的作品。

就在这同一次伤心之旅中，我还发现了“加里格纳尼”，一家欧洲大陆上最老的英文书店，它建于一八〇二年，现在经营法文和英文图书。这家美丽的书店隐藏在曾是欧洲最大拱廊的屋檐下，有着暖色的木制书架和高高盘旋的楼梯，依然保持着它二百多年前的风韵，使人觉得十八世纪的大书店应该就是这个样子。第一次来到此处时，天气依然是阴雨绵绵，但我的情绪已经不再低迷，一下子联想到那些英国作家，当年他们在大旅行[6]之初也就是这样在此间穿梭。

每个城市都会让外人懵懂但又有所发现，巴黎更是如此，总能让我喜出望外。当你寻访一个地方时，往往注定会发现其他更令你叹为观止的场所和事情。我在蜜月中整天沉溺于难闻的奶酪、醇正的葡萄酒、博物馆和书店。一天早晨朱丽叶和我打算去买一张雅克·塔蒂[7]的电影《我的舅舅》的海报。我们去找一家从《卡多根的巴黎旅游指南》上看到的电影书店，但我们不仅没找到那家书店，甚至连那条街都没有看见。但我们却偶然发现了一家很嬉皮士的小书店，柯勒特·罗伊尔拥有的“书房 1789”。她销售的图书不多但很专，主要是法国当代偏重实验性的作家的作品，其中一些文学和插图杂志是我在巴黎其他地方从未见过的。在一家我并没有存心寻访的书店待过一个小时后，我带着书评杂志《乌贼》的创刊号和一本有塞缪尔·贝克特照片的精装口袋书走了。离那次巴黎之旅已有八年，但我还是乐意告诉大家书房 1789 还在营业。

为了使从一家书店到另一家书店之间的路程还有书陪伴，巴黎这座美好的城市在塞纳河沿岸安排了许多旧书商——那些绿色的木制摊位好像自有这条河开始，就驻扎在那里了。

竞争的行业

无论你是否有孩子，只要你爱书成癖，就一定会去那些专售儿童书的书店。很多成年人经常会去自己中意的书店的儿童区逛逛，但一般都是给朋友、亲戚或自己的孩子买礼物。如果一个成年人完全摆脱了功利的动机，那里还有许多惊喜在等着他。在大量画着獾、老鼠、龙、袋熊、会飞的孩子、会说话的松鼠等图画的书籍之间，我们突然会问为什么成年人的书籍如此单调，缺乏色彩和想象力。这并非是因为儿童读物不严肃，这些图书一点儿不严肃；那么是什么严肃的主题使得成年人的书籍不再容得下那些优美的插图和想象的空间？

当我阅读一本成年人的图书时，时常会肯定这将是我最后一次读这本书。但儿童图画书却有一种内在的诱惑，让人一读再读；无论是出于自己的乐趣或是遵照女儿严格的命令——“再读，再读”——我知道在许多年内我会把这本书再读上许多遍。确实，一本成年人的小说阅读起来要花费更多的时间，但我不认为这是阻止我再次阅读的理由。我想读的新书太多了；我要省下重读老书的时间去读那些肯定会给我带来新乐趣的图书。然而，重读一本五年、十年或二十年前初次读过的自己钟爱的书，是一次回顾——一次对早年自我的访问——可以计算一下我们已经走过了多少路程。儿童书店最适合这样的逗留。我重读过福克纳，也重读过森达克。在章回小说的架位上可以找到一些我喜欢的作家的作品，其中大多数是针对七岁到十七岁读者的小说。这些书的作者必须要在一百五十页的篇幅内描绘一个完整的世界，编织一个诱人的故事，还要能够让读者满足。在过去的几年中，青少年图书和成年人图书之间设置的界限有所模糊。儿童和成人都为《哈利·波特》痴迷，马克·哈登[8]的《深夜小狗神秘事件》和菲利普·普尔曼[9]的《黑质三部曲》也是现成的例子。以青少年读者为对象的小说，其背景和意图的设定与真正的成人小说是同样的。遗憾的是成年人对青少年读物已形成固定的观点和看法,认为都是幻想世界。其实，那些不以明显的虚构来写作的作家，如罗伯特·科米尔，弗吉尼亚·汉密尔顿[10]，杰瑞·史宾尼利[11]，弗朗西斯卡·莉亚·布洛克[12]，布罗克·科尔[13]，路易斯·菲兹修[14]等人的作品都应该被视为最严肃的成人小说来阅读、讨论和赞美。如果你不好意思到儿童区去买这些书，不妨告诉店员你是为你侄女买的。

儿童书店并不仅仅销售虚构作品。约安·金·詹金斯是“狂妄的乌鸦”的儿童图书专家，她曾经告诉我儿童看的非虚构作品也可以是成年人的宝库。如果你对考古感兴趣但又知之甚少，并不需要去阅读世界领先的专家的权威著作，那些书也许会让你望而却步。一本内容充实的相关主题儿童图书可以是一个合适的起点，因为它一般注意描绘出该主题宽泛的框架，词汇简单明确，并附有一些说明性的插图。从此你可以有信心设定阅读该学科更复杂的著作的计划。比如，在阅读罗伯特·格雷夫斯[15]之前先看《多莱尔的希腊神话书》。这些故事的儿童版书都是很迷人的。

专营儿童图书的书店数量难以估算，它们都在努力奋斗，其中大多数书店不局限于销售图书，还积极地参与那些对学校有实际好处的书展（我们也知道他们需要钱），并帮助作者和插图画家与那些年轻的粉丝们建立联系。圣何塞的“希克莱比”是一家热闹非凡的书店，以装饰著名。里面有《晚安，月亮》中大绿房的原样复制品，有其他书籍中的人物和物品的复制品，和数百件访问过该店的作者的插图和签名（有些挂在墙上或门框上）。这是一个引人入胜的世界。仅次于同我女儿一起逛希克莱比的乐事，是我自己一个人逛希克莱比。

位于明尼苏达州圣保罗的红气球书店是一个非常类似希克莱比的书店，有熟知图书并且很有主见的店员，还有许多容易迷路的角角落落。他们发明的交叉营销方法理应申请专利，因为我已经见到其他儿童书店在仿效。他们在书店的前部放了一书架供成年人阅读的书籍，书架不长但很显眼，是为妈妈和爸爸准备的小说和非虚构作品，于是全家都能满意而归。当然，也可以随意逗留。一站式购书。

||||||||

转变

我在必须飞到某地时通常会玩一种我喜欢的游戏。我旅行时一般都会在托运行李中塞上三四本书，随身再带上一本。收拾妥当后，我会提前来到机场，保证有足够的时间在机场的书店游荡。这个游戏是：我能否在旅途中找到我想看的书。当我第一次作为成人乘飞机时，机场的书店还不是真正的书店，它们更像是报亭或药房——销售杂志、香烟、糖果、咳嗽药水和阿司匹林、雪景球和烟缸等旅游纪念品、一些便宜的玩具，一两个钢丝架上放些廉价平装书。这真是绝望的阅读，只是为了让你在长途飞行中有些纸片可看，这些书几乎都是言情小说、间谍恐怖小说或科幻小说。在架子的远端，毫无意外的是一些封面鲜亮、登着近乎裸体的模特照片的平装“色情”小说。这些图书的品种之多应该归结于性欲过炽的空姐和飞行员。在书店的廉价书中，我会试图寻找一些文学性较强的作品。我一般会看到一两本厄普代克甚至冯内古特的作品，还有一些吸引大众的文学作家的作品。很久以前我在机场书店偶然看到的最有趣的书是一本北美印第安人神话故事集。它夹在《战斗岗位》和《在芝加哥歇脚》之间，我至今都不明白那本书怎么会放在那里。

现在，值得赞赏的是几乎每个大机场都有令人动心的精装和普通平装版的图书，经典小说和新书，儿童图书，关于高尔夫、航空历史、地区旅游、历史指南以及商务的图书。色情小说已经被亨利·詹姆斯的短篇小说取代。

任何形式的旅行——飞机或汽车、火车或轮船——都是访问心仪的书店和寻找新书店的借口。每年我至少回一次东部,重游那些喜欢的书店。当我去麻省的南哈德利，我必须去奥德赛书店，就是去看看那里极棒的店员推荐书和积压书。我还会带着我购买的书来到几个门面外的一家小咖啡馆，那里的旧书质量上乘。去北卡罗来纳阿什维尔的旅行，只有到过商业区的马拉普洛普书店才能算是结束。他们的新店试图保持原先的舒适氛围，但我还是怀念旧址那个下陷的后门廊。最近我在佛蒙特州的蒙彼利埃访问了阔别二十年的熊池书店，尽管书店实际上已经搬到了街对面，但看上去与我初次造访时一模一样，黑色的木制书架依然塞得满满的。“熊池”最初打动我的是挂在入口处的两个店招，每个店招上都有一支箭指向书店不同的区域；一个店招上写的是“事实”，另一个写的是“真理”，你可以猜猜哪个代表小说类，哪个代表家居修缮类。

然后是魁北克蒙特利尔的双钩书店，专营加拿大的英语文学书籍（既有英语作家的作品，也有法语作家作品的英译本），这是在外国仍然能够读书的一个地方。每到“双钩”或任何一家类似的书店，我都会买上一小摞书。唉，我得补充一句：刚得知“双钩”马上也要关张了。

并非是我在旧金山买不到这些书，我当然能买到，甚至只要坐在计算机前就行。我买这些书也不是出于购买纪念品的冲动——并不是用书来替代短袖衫。在旅途中买书是因为我造访的书店的备货让我惊讶。本地的书店可能都有巴西作家莫瓦西尔·斯克利亚[16]的新小说，亚马逊上的可能更便宜，但我还没有看到。如果我在密西西比州牛津的四方书店看见它——因为正巧有一位店员已经读过这本书或仅仅因为喜欢它的封面就把它陈列在那里——我能不买吗?！这事简单得就像是某天小说区的灯光正巧照在了这本书斑斓的书脊上，引起了我的注意。每家书店都有各自诱人之处，所以我们永远不会嫌书店太多。难的是无法将所有这些书全部放进行李箱。

||||||||

古怪的搭配

很多书店辟出一部分地盘开设咖啡馆甚至饭店，其实只要我们多动动脑筋，开拓对书店的认识，就会想到还可以有另外的搭配。以下只不过是一些简单的实例。

书店的地理位置可能决定一切。恶魔岛位于旧金山湾区的中部，可以饱览城市和金门的风光。岛上的书店为联邦公园提供帮助，向访问者讲授该岛的历史。它最畅销的图书是一些以前的犯人、看守及其家人的回忆录，书中回顾了这些要犯被船押送到该岛服刑的那段生活。书店的图书品种不多，销售量却在周边所有旅游景点的书店中高居榜首。即使你并没有买书，城市的风景和书店醒目的石墙本身就在讲述一个好故事。

旧金山以南二十英里，在海边小镇半月湾有一家完全出自业主奇想的兼营书店：湾区书店暨烟草店。书店拥有世界水平的科幻小说区，还有一个直接通向街面的保湿间，销售各种牌子的香烟和烟丝。我始终琢磨不透这种搭配怎么会成功，但它确实做到了。抽烟斗或香烟和读书一样需要慢慢地品味，也和读书一样容易陷入沉思和激发情绪。即使你不抽烟斗，书店里飘溢着的附近林木和樱桃的气味也会使你心旷神怡。

加州更北一些的红杉林镇加伯维尔，有一家书店兼营文身。在我造访前的很多年就已经听说过这家书店。是的，这里也有一排排的图书；不同的是从店堂后面不时发出的尖厉叫声，你绝不会听错。当我走近文身间时，那个在一位妇女的肩部轻柔地描绘一朵玫瑰的居然是位熟人；这位文身师和我一起在帕洛阿尔托的普林特斯书店共过事，这是她最新的投资。我们愉快地聊了很久，但我放弃了首次文身的机会。我已经记不起这家书店的名称，也许是“墨与墨”？

我最喜欢的搭配是书店和唱片店。这样的店有一些，但大多过于持重，音乐都放得很轻。我最喜欢让唱片店的气氛感染书店。淘儿唱片店在它的大多数 CD 店中设置图书区。他们也经营专门的书店，而且常常与 CD 店比邻。淘儿唱片店很闹，非常闹，店面眼花缭乱：到处都是招贴画，色彩斑斓，灯光闪动。CD 店的氛围也带进了书店：书架拥挤而且杂乱，后屋里乱糟糟地堆着推广品和冗余的存货；店面的音乐放得巨响，和书店一点不般配（这不是抱怨）；店员绝对都是摇滚迷。你要捂着心口去找书，谁知道呢？有时你要的就是心跳。另外，淘儿书店和它们的 CD 店一样，一年开三百六十五天，每天从上午九点一直开到半夜。

||||||||

无中生有

我有幸在一九九〇年的冬天访问了布拉格，就在革命后的几个月。我去那里有许多原因，不仅是为了访问一个从卡夫卡、昆德拉和克利马的书中知道的城市。我还有一种堂吉诃德式的、一厢情愿的使命。我以为长期以来最优秀的捷克作家的作品在那里是被禁的，而刚从禁锢年代解放出来的布拉格人渴求任何可以接触到的图书。所以我装了半箱子卡夫卡和昆德拉的作品，偷偷地把它们放在布拉格书店的书架上。

就在这次旅行中的一个下午，经过一通比画，我被指引到旧城边角的一家书店，其实这是一个艺术画廊，销售一些袖珍书，每本只有手掌大。这些图书用皮革手工装订，每个封面上都有独特的装饰。图书的品种值得称道，从聂鲁达到托尔斯泰。我一下想到这个世界需要的是一家袖珍书－店（请注意连字符，一家卖袖珍书的店，而不是袖珍书店，当然袖珍书店也不错）。当然，这会是一家小书店，但品种很多，你在那里几乎可以买到任何书，从济慈的颂诗到全套普鲁斯特的《追忆似水年华》（袖珍书恐怕要分成八百卷）。

从那时起我就开始想象那些并不存在但我认为应该有的书店，比如，一定要有一家卖那种巨型对开本的书店，在那里你可以用合理的价钱买到和桌面一般大的任何图书。还有插图本书店，销售你喜欢的插图多多的书，不管是新书还是经典，还有那些烹饪书、商业书，哦，还有计算机书。让所有的书都能提供感官上的享受。

在《卡尔维诺文集：寒冬夜行人》[17]中，伊塔洛·卡尔维诺用激动的笔调描写书店品种的充足：

> ……你没有读过的书……你可以不看的书，有许多并非让人阅读的书，还有许多不用看就知道其内容的书……那些你知道如果能活上几次的话也许会看的书……可惜你只有一次生命……你想要看但首先要看过别的书后才能看的书，有价格昂贵必须等到书价打对折时，或者必须等到出版袖珍平装本时你才买的书，有你可以向别人借到的书，有大家都读过因此你也似乎读过的书。

卡尔维诺死于一九八五年，留下一份列有十五种计划要写的著作的清单。我愿意开办一家卡尔维诺书店，最好是在巴黎，因为他在那里生活多年，和他的那些实验文学研究会【18】圈子里的作家伙伴们一起琢磨那些还没有写出的图书。在卡尔维诺书店里，你可以找到卡尔维诺没有机会写的各类图书，有标准版的、袖珍版的、对开本的和插图版的。你也许还会发现一群你喜欢的已故作家没能完成的书。每周都有新书到来。

巴黎现在有家书店叫“找不到”，这真是一个绝妙的名字。在我的完美的书店之城里，我想象的终极书店也许就是绝对找不到的，这是一家拥有你曾经寻觅过的任何一本书的书店——从你孩提时看过的描写紫衣小鬼头的书到你已在其中填满信息的报税指南。但除非你穷尽了所有的可能，否则你找不到那本找不到的书。只有当你不再心存侥幸，也许就能找到那本找不到的书。

【1】Larry McMurtry（1936－ ）：美国小说家、专营古旧书的书商。著有《孤独鸽》等，因电影《断背山》获奥斯卡最佳剧本改编奖。

【2】Joyce Meskis（1942－ ）："旧封面"书店的创始人，曾任美国书商协会主席。2002年获美国图书馆协会知识自由圆桌会议颁发的约翰·菲利普·伊莫洛斯知识自由纪念奖。

【3】George Whitman（1913－2011）：美国人。他于1951开办的书店成为当时在巴黎生活窘迫的美国文人的聚会甚至栖身的场所，有"零公里"之称。1962年西尔维亚·比奇去世前将大批书籍和莎士比亚书店店名的使用权赠予他。为了纪念比奇，他给自己的女儿取名西尔维亚·比奇·惠特曼。

【4】取自他的第一位法国女友的名字。

【5】Jack Kerouac（1922－1969）：美国小说家，"垮掉的一代"代表人物。代表作是《在路上》。

【6】以前英国的贵族子弟必须经历到欧洲大陆的游学，这是贵族教育不可或缺的一部分。

【7】Jacques Tati（1907－1982）：法国电影导演、编剧及演员。《我的舅舅》是他1958年的作品，曾获1958年戛纳电影节评审团特别奖和1959年美国奥斯卡最佳外语片奖。

【8】Mark Haddon（1962－ ）：英国儿童文学作家、插图画家及剧作家。《深夜小狗神秘事件》战胜《哈利·波特》获2004年圣诞销售排行榜第一名。

【9】Philip Pullman（1946－ ）：英国儿童文学作家。其作品曾获多种儿童文学奖。

【10】Virginia Hamilton（1936－2002）：美国小说家。她是一个说故事的能手，一个富有创造力的儿童作家。

【11】Jerry Spinelli（1941－ ）：美国儿童文学作家。曾获纽伯瑞儿童文学奖。

【12】Francesca Lia Block（1962－ ）：美国作家。她的魔幻小说富有创新意义，为所有年龄段的人喜爱。

【13】Brock Cole（1938－ ）：美国儿童文学作家。

【14】Louise Fitzhugh（1928－1974）：美国儿童文学作家。

【15】Robert Graves（1895－1985）：英国诗人、小说家及古典学家。

【16】Moacyr Scliar（1935－2011）：巴西小说家。小说有《马科斯与猫科动物》。

【17】译名沿用《卡尔维诺文集：寒冬夜行人》，伊塔洛·卡尔维诺著。吕同六，张洁编。译林出版社，2001年版。下文译文见该书第8－9页。

【18】实验文学研究会是20世纪60年代由法语作家和数学家组成的一个松散的文学团体，追求用“约束写作”方法创作作品。

新成员

书店在历经三千年的健康发展中，适应并促进了技术和文化的进步，但在二十世纪九十年代却遭遇到突然的衰退。在这些年中，大型的连锁书店生机勃勃地扩展，而独立书店似乎正在消失；网络商务攻城拔寨，无往不利，美国近三分之二的独立书店关张。近来我们关于书籍及其购买方式的观念又遭遇另外的挑战，这些挑战来自电子图书、按需印刷和大卖场。在面临这些挫折，尤其看到那些招致连锁书店、独立书店不和的纷争时，我认为回顾书店的长期历史和它的适应性、它的形式演变，以及面对被取代表现出的那种悄然抵抗，是很重要的。

书店正在死亡吗？我们不得不成为计算机极客才能看斯蒂芬·金的新书吗？但从二〇〇四年销售了近二十亿册图书

的情况看，出版业也许比过去任何时候更健康。

好消息是在过去的五年中独立书店的销售量保持稳定，一直占据市场份额的百分之十五；使人感觉到独立书店的关张风潮已经停歇，剩下的独立书店比从前更具实力。坏消息是书店的市场总额，包括独立书店和连锁书店，还在持续下降，从一九九五年的百分之五十下降到二〇〇四年的百分之三十五。尽管目前网络图书销售约占百分之十，并在继续增长，但失去的市场份额中最大的一部分，尤其是儿童图书，是被大卖场，即所谓的大盒子商店——如会员制仓储卖场、开市客、沃尔玛——夺走的。订书俱乐部、礼品店和其他渠道的图书销售量也在增加，侵蚀着书店的市场份额。

其实每年出版的书籍依然很多，只是购买的方式变了。我们知道在这个世纪交替的时候，世界已发生了巨变，哀叹时光逝水于事无补。然而，只追赶那些正在崛起的、时兴的事物也难免偏狭；我们不应该忘记那些保持下来的东西——书店承载的正是我们对那些尚未被计算机和大卖场替代的传统的感情。

||||||||

与互联网革命时的许多承诺如出一辙，当“.com”泡沫

破灭时电子书似乎也会随着那些无中生有的其他概念（难道我们还真需要一个烤肉网？）一起很快死亡。电子书阅读器是一个手持的使用电池的设备，可以一次下载一本或几本图书，读者可以免除翻页之烦。就像DVD一样，电子书也可以包括一些补充材料，如评论、参见索引、著者生平、视频辅助资料、进度表，等等。电子书的承诺之一就是书店将不被需要，出版将成为无纸化的行业，取消了管理费用、人工和运输。一个美好的新世界。你只要上到喜欢的网站，付款下载选定的文献，然后，还可以假设，就团缩在你喜欢的“电”椅里。

出版商已在电子书上花费了大量的银两，但读者对这种技术的魅力有所抵触，因为没有找到胜过纸本图书的优点。这种抵触主要来自从计算机屏幕阅读的不适，即便这是另一种屏幕。早期的电子书阅读器的屏幕很伤眼睛，所以不太诱人。各家公司都在努力开发较少眩光的屏幕。一些公司借助布莱叶盲文图书技术，研发出一种屏幕，能将印刷体凸出一些，以产生三维效果，一种其他计算机还不具备的触觉感。看，这就是真正地、创造性地使用计算机技术；如果视力障碍的读者可以不受限制和便宜地获取图书，这倒是个有益于世界的发明。

当第一次互联网淘金潮没有见效后，一些电子书公司倒闭了，另一些则卷土重来。在过去的一两年中，电子书行业得到了新的投资和重视。目前可供阅读的电子书约有五万种，这个数字不小，但与纸本图书相比只可算沧海一粟了。顾客的抵触依然强烈。我们可能还没有准备好团缩在“电”椅里，虽然电子书在我们的文字文化中已占据了重要的领地。对于许多专业人员来说，那些至关重要的技术和学术参考工具书经常因成本过高而难以出版，但这些书——医学手册、综合词典、刊登各个学科最新进展的期刊——的电子版则比较便宜，而且可以即时更新。

然而，就目前而言，印刷图书的便利、耐久，以及那种轻柔的触觉，仍然是一般读者所期望的。做一个简单的调查，你在有轨电车、公共汽车或飞机上能看到多少电子书？没有。我们还是偏爱书页轻微的沙沙声；还有，你怎么能在电子书里夹上一朵野花呢？

在计算机一统天下的时代，另一个强有力的竞争对手是按需印刷的图书。借助 POD 技术，一本要出版的书并不一定非要先印上五百、五千或五万册复本，它可以在顾客出现时再印。图书的全部文本和封面被存在计算机里，在需要时调出。根据需要的册数印刷。即使只有一个顾客订购一册图书，POD 技术也可以在两分钟内完成印刷。POD 图书的价格略高于传统图书，但随着技术的改进可以与之持平。同电子书一样，这是一项可以大肆宣扬的成就，尤其适用于需求较少的书籍。它也可以减少出版商的部分风险：如果有八千三百十九位顾客要买这本书，那就印这么多，不会有多余的复本在你的书店露面了。

POD 图书的一个问题是，为了降低价格，就只能将给书店的折扣控制在百分之二十左右，而这个毛利是难以接受的，因为大多数书店从普通图书获得的折扣至少是百分之四十。另一个仍待解决的问题是 POD 主要局限于平装书；这种简便和迅速的优点在印制精装本和插图本时并不突出。

一些 POD 的拥趸描绘的远景是书店将成为复印店。里面有个前台，几台计算机终端，但里面没有成架的图书供人浏览。相反，你只要在计算机屏幕显示的菜单上选定你要的图书，点击订购，拿着你的收据，然后就等着叫号。有点像在小卡尔快餐店点份饭。这种景象对我这样的书迷简直是灾难，但这不是不可能的，也未必没有好处。如果 POD 能够投入市场，很可能就会做得像售货亭一样放在书店里，你能够订购一些你喜欢的东西。但一个没有人群的书店会是什么样呢？一个没有书可以浏览的书店又会是什么样呢？

尽管难以启齿，我不得不承认我在网上买过书。还是新书。不太多，但足以让我有负罪感。我还要承认，我经常使用亚马逊网站和其他电子书店查询信息，为了补过，我先在网上查到信息，然后到砖瓦盖起的书店订购。

当亚马逊和其他电子零售书店刚问世时，似乎真是一个奇迹。只要点击一下，两天后你订购的图书就会由邮局、UPS 或联邦快递送来。哪家最便宜或速度最快，就用哪家；他会一直送到你门前的台阶上。就像杂文家马尔科姆·格拉德威尔[1]在《纽约客》上指出的，与其将电子商务的奇迹归功于发明了冷不丁蹦出的视窗，还不如归功于简单的筑路机。这个筑路机由马牵引，筑路时使路面具有一定的弧度，中央略为拱起，有利于排泄雨水，避免车辆陷入泥沼。这个简单的机器是伴随着或是由于包裹投递的兴起而问世的，投递系统的建立将国家的边远地区更有效地联系起来。借助邮购，“西尔斯”“ 蒙哥马利”[2]及其他商家才有可能在腹地找到购买新款服装和日用品的顾客。让我们谈谈奇迹：你可以在“西尔斯”购买一套房子的组件，通过包裹投递送来后，你可以在自己的宅地上将它们组装起来。一个世纪后，到了二十世纪八十年代，800 电话、传呼台和 UPS 业务的扩展促进了邮购商——L. L. Bears、Land’s End[3]等——的发展。正是这些因素最终促成了电子商务的成功运转。稍后的几年，我们可以看到当时的网络商务活脱脱就是一个巨大的目录。

电子商务以及许多其他网络公司的真正问题是它倡导的商业模式。为了赢得顾客，许多电子商贩以低得荒唐的折扣销售商品，形成了不求利润的商业模式。亚马逊和其他网上书店就是这一运动的始作俑者。这种无利模式背后的理论就是现在先贱卖，让顾客上钩，以后再考虑利润。如果你有风险投资支付开销，而你主要关心的是股票的价格，这样做没有问题，但如果一家小书店试图采用这种模式，可以肯定出版商很快就会与你断绝往来，房东也会给你颜色看。不幸的是许多书店不得不应付网络书店的竞争，它们具有你无法企及的优势。

网络商务模式的根本缺陷是它立足的前提，即互联网要迷人和快捷，使得顾客愿意将他们的全部时间和注意力转向计算机屏幕，避开外部的世界和它的缓慢。我认为二十世纪九十年代网络泡沫破灭的部分原因是我们确实认识到点击鼠标并非生活的全部。事实证明我们仍然乐于外出，享受阳光的灿烂、雾霭的氤氲和雨水的滋润。仅仅依赖计算机屏幕是没法过日子的。

然而，亚马逊和其他类似的网站并非一无是处。尽管电子商务的发展殃及许多独立书店，但这种“独立”的命运开始受到重视，我们重新思考长期以来认为理所当然的这种文化现象的重要性。

网络书店确实能为偏远地区的顾客提供有效的服务。我的一位诗人朋友，也是一个贪婪的读书人，居住在俄亥俄乡村的一个小农场。她离一家好点的传统书店有数小时的车程，而现在可以从几家网站订购需要的书籍。使她和我们更为方便的是可以从网站上找到和购买一些小出版社的图书，这些出版社一般难以找到全国性的发行商。由于互联网，现在每本书都可以在全国甚至国际范围内发行。

互联网也是旧书店的福音。通过 Abebooks.com，全世界的旧书商可以在一个旧书平台上展示他们的库存。旧书已不再出版，也不能从它的出版社订购，将这些书店以及它们独特的库存与散布各地的顾客联系在一起的能力，已经建立起一个全新的市场。

但电子书店仍有一些缺点。某些网站可能显示部分章节以吸引顾客，但顾客经常只能看到书的照片和评论家或读者写的书评，闲暇时在书店免费读完整本书的好事不会再有了。你也不可能在虚拟书店购书时听到边上的夫妻谈论他们刚发现的作家葆拉·福克斯【4】，提醒你这位作家的第一部小说不仅刚刚再版，还出版了一本回忆录。是的，我可以看到网站上的读者评论，但对我而言，这只是看，与无意听到时的喜悦是大不相同的。

不可否认，网络书店将占据一席之地，而且如果它的商业模式能够根据真实商业世界加以调适，将会成为书业的重要部分。然而网络书店造成了读者与书籍之间的疏离，它排除了传统书店一直传播的那些愉悦。除非发明一种气味复制程序，否则我们怎么知道一本书是否好闻呢？而且如果我想一边抿着拿铁咖啡一边看书，就只有去传统书店才得以享受。网络书店的书比我家附近的黑橡树书店多得多，但每次只能显示一个屏幕；互联网虽大，但我看不到全景；互联网速度虽快，但我不能邂逅惊喜。互联网是无限的，而书店是有限的，尽管这个小天地范围有限，效率也低，我却能避开国际性全球商业的强势，出乎意料地发现我一直在寻求的那本书。

||||||||

我始终不习惯大卖场和仓储商店。在那里，我常常感到呼吸不畅，集中不了注意力，一会儿遗失购物单，一会儿又在购物车里装满大瓶的发胶，只是因为它的折扣实在诱人。所以我一般不去那里，但有时还真想去，那里的书折扣惊人，没准能碰上一本我想要的。这就是最近抢走大部分书店市场份额的零售场所，像互联网一样，它无疑也会占据一席之地。我的理解是它确实便于你在购物时顺便挑上几本畅销书或儿童读物。虽然仓储商店或大卖场的图书品种并不多，实际上

是很少，看上去不会对书店构成直接的竞争，但销售数量巨大，使得一些出版商很乐于此道。

其中的危险在于，如果出版商收入中的相当部分开始依赖大卖场，他们就会更加重视适合这些地方销售的图书。如果一种图书不吸引会员制仓储卖场的顾客，就不会得到像最新的间谍、惊悚、恐怖、言情、灵怪、精神慰藉和烹调书籍那样的投入。在某些情况下，如果得不到超市市场的青睐，一些书籍甚至就不会出版。说实话，出版畅销书并不是罪过，只要对利润的追求不会导致出版的跟风，因为这样会危害我们的文化多样性。也使得书店丧失了真正的魅力。

||||||||

二十世纪九十年代，打着“超级书店”旗号大举扩张的全国性连锁书店很可能比其他方面更多地侵蚀独立书店的领地。连锁店的低折扣政策是它们获取成功的一个重要因素。由于利用规模优势，就能以任何独立书店难以企及的低折扣进货，连锁书店能够以亏本的折扣销售《纽约时报》评出的畅销书和其他新出的流行图书。它们的折扣经常低到离谱的地步：那些从出版商或批发商手里进不到书的独立书店，可以在圣诞购物潮或推广期中到巴诺书店以极低的折扣买上五

至十本书，然后在自己的书店按原价卖出，居然还能挣些小钱。虽然独立书店的年度销售并不依靠畅销书，但顾客确实流失了，他们去连锁书店不仅购买六折的书，也会在那里购买全价的书。低折扣不是什么新招，二十多年来，一些独立书店一直在状告某些出版商和连锁书店不正当的贸易手段，有时这些诉讼还得到美国书商协会的支持。但这些诉讼并没有制止打折行为，反而在行业中形成了矛盾，使得出版商联合抵制书商，还白白养肥了许多律师。为了竞争，许多独立书商过去和现在都在打折售书，而且现在比过去更为普遍，但这种做法确实使得原本微薄的利润更加缩水。

连锁书店现在最咄咄逼人的扩张举措是搜刮新的地盘。连锁书店经常在已有活跃的独立书店服务的社区开设新店，有经验地或者说是诡计多端地破坏行规。它们利用企业的财力打入，用丰富和全品种的货源揽客，直到站稳脚跟。为了重塑形象，连锁书店也借鉴最好的独立书店的经验，设立咖啡吧，举办朗诵会，出版店报，装点文学氛围，放置舒适的座椅，等等。

然而，我不能在连锁和独立书店之间划一道界线。坦白地讲，在二十世纪九十年代关张的多是一些小书店，它们的老板对变化无常的商业竞争毫无准备。我在做销售代表的那些年，经常听到书商抱怨自己的书店备货不足，人员欠缺，也没有竞争的措施。无论书店或其他行当，小业主的生活都不容易，但抱怨总不是实在的经营之道。我调查了现存的独立书店，它们都能提供比以前更多样的服务，能够并且正在与连锁书店竞争。

连锁书店并不是企业恶魔（至少现在还不是）。连锁书店随着它们备货的调整，要比百货商场的书店更接近真正的书店精神，它们与独立书店相比能够向更多人提供更多品种的书籍。连锁书店已经将书店变成广袤的美国乡村的标准设施。几年之前的一个假期，我看到被人低估的作家大卫·赫德尔[5]刚出了一本短篇小说集。我是在佛罗里达州博因顿海滩的一家大型连锁书店里找到这本书的，同时我还看到许多文学的、通俗的和其他的书籍，这在二十年前的博因顿海滩是不可想象的。我坚信这对书店、书籍以及我们的文化都是一件好事。

其实我最终关心的，不在于连锁和独立书店的差别，而是书店的有无。

||||||||

在贾森·爱泼斯坦[6]的《图书业》一书中，这位著名的出版商兼编辑提醒我们，出版在其大部分的历史中只是一

个家庭行业。从二十世纪七十年代才转变为出版集团，较大的出版商买下较小的出版商，然后更大的媒体集团又买下这些出版集团及它们的品牌。赢利突然成为关键。许多最重要和成功的出版商现在只是某个媒体帝国的一个部门，它们必须像电影、电视、广播和报纸等帝国的其他部门一样有一个保底的业绩。在此之前，爱泼斯坦根据他丰富的经历谈到，出版只是一个小买卖，当时最著名的出版社可能凭借一本书的丰厚利润就能保证其将来，这本书的利润能够支持出版其他利润较薄的书。他认为出版集团也许有些急功近利，因为它不清楚一本书，一本有长远价值的书，一本不能纳入媒体合作推广的书是经得起股东业绩表的挑剔的。

爱泼斯坦期望出版应该分成两个阵营，一个跟随法人的路数，另一个则回归它街角商店的源头。新的技术使得那些精力旺盛的个人和小出版商不用大企业的支持，自己开办一些重要的出版机构。桀骜并富于创新精神的戴夫·艾格斯[7]是这种前景的范例。艾格斯在他的回忆录《怪才的荒诞与忧伤》大获成功前，已经出版了杂志《McSweeney's》。艾格斯利用人脉和金钱上的斩获，不依靠大企业的庇护，将《McSweeney's》转成活跃的出版社。他最大胆的计划之一是由"McSweeney's"出版自己的描述英国伟大书商的首部小说《锐不可当》，并主要在独立书店销售。然后他打算将该书的平装版权卖给一家出版集团，收回钱来开始其他的项目。艾格斯和其他同道选择关注那些有意义的书籍，希望将这些书籍卖给那些同样关注的读者。他不打算控制世界，他只是追寻他的渴望。

与近三十年来书业的其他发展一样，集团的控制权和绩效考量不会减弱，但企业的结构变得如此巨大，留下的许多缝隙足以让小企业建立自己的生存空间。别出心裁的人似乎总能脱颖而出。

我们写作出版文化的未来依然是个热点问题，舆论是相当悲观的，如果你相信那些说法——书籍正在死亡，小说正在死亡，阅读和写作正在死亡，计算机大获全胜。尽管这些预言说得有鼻子有眼，我们出版的书籍比以前更多，虽然现在出版的这些东西中，大部分在五十年后，甚至五年后就会无人问津。过去一百年来畅销书单上的书证明了这一点，大多数图书被人遗忘了，但因为出版了这么多书，总有一些是会被收藏的。

值得记住的是，文学的死亡和读写文化的死亡并不是我们二十一世纪创造出的新观念。在十九世纪，许多人曾相信自行车的发明标志着文明的终结，我们会沉溺于休闲而不再阅读。同样的说法也曾落在二十世纪二十年代的无线电和五十年代的电视身上。近年来，摇滚乐、婚前性行为和喷气雪橇都曾被当作阅读写作的敌手。别忘记当羊皮书取代纸草卷时一些批评家也曾捶胸顿足，咬牙切齿；当古腾堡印刷他的第一部圣经时也遭遇过同样的抨击。

任何社会的文化群体——那些喜好书籍，阅读、写作、出版和销售书籍的人——都只是小众。我们对这个群体的规模必须持现实的态度。二○○四年最畅销的精装小说是丹·布朗的《达·芬奇密码》，售出四百三十万册。当年只有八种精装小说的销售量超过一百万册。一种书的平均印数为三千至五千册，并且不会重印。而在二○○五年八月的第一个星期，正值盛夏，我正在写这本书，美国收视率最高的电视剧《犯罪现场调查》正在重播，它的观众接近一千四百万。

读写文化也许只构成我们社会的一个部分，但其作用却不能低估。在书店里个人可以接触到这种文化，成为千年来滚滚流淌的创造和想象之河的一部分。书店仍然是我们自由和不受限制地交流思想的场所。在书店里，我们可能在众人中独自寻觅，但我们是和他们联系在一起的。即便我们现在停止一切出版，要为我们已有的书籍找到归宿也需要很长时间，所以我们仍然需要书店作为书籍的集散地，因为书店不是一个乌有之乡，而是一个可以提供诸多乐趣的实地。

在我家街角的黑橡树书店有一位叫詹姆斯的店员，我们是点头之交。我去书店时经常碰见他在店外抽烟。我们谈论天气、正在维修尚未铺实的便道和一站地外新开的印度饭馆。我们还谈论图书，我们谈论一些新书——你读过这本吗？我们都喜欢摞着新书的展示台，我花费了很多时间欣赏这些书籍的丰富内容和种类。我们都是书蠹。

今天我溜达过去时，他正站在外面抽烟，“今天有些晚了。”他说道。我正要去接女儿放学，但还有几分钟富余，我脑子里的那根筋又开始蠢蠢欲动，我有几天没到这家书店了。詹姆斯告诉我吉姆·哈里森[8]新的中篇小说集《那个他未曾死去的夏天》到了。我读哈里森的作品已有三十年，我认为他是一个应该为之举办盛典的作家。尽管这些天手头有些拮据，但我知道我要买这本书。我转身进了书店。

【1】Malcolm Gladwell（1963－ ）:《纽约客》聘任作家。2005年被《时代》周刊评为年度100名最有影响力的人物之一。

【2】均为美国著名的连锁百货公司。

【3】均为美国著名的邮购公司。

【4】Paula Fox（1923－2017）：美国儿童文学作家。著有《一只眼睛的猫》《跳舞的奴隶》等。安徒生文学奖得主。

【5】David Huddle（1942－ ）：美国小说家、散文家、诗人。

【6】Jason Epstein（1928－ ）：美国出版商、编辑、作家。参与创立安克尔出版社、《纽约书评》和美国文库出版社；曾任兰登书屋编辑部主任。

【7】Dave Eggers（1970－ ）：美国小说家、编辑和出版商。

【8】Jim Harrison（1937－2016）：美国诗人、小说家、散文家和评论家。

写在后面的话：书店不死

我预期这本书的精装版在网上的销量会占到百分之五十，但实际上只有不到百分之十五。这个数字让我既惊讶，又高兴。这本书赞美的是砖墙木架的实体书店，这个数字对我们意义重大。如果你被这本书吸引，更大的可能是在一家书店里翻开了它。没准儿，你正是这家书店的老朋友。每个满怀期待的写作者，大概都会像我这样，每天不止一次地上亚马逊网站查看销售情况——哦，太虚荣了；过去，我们常常不得不等上几个月，慌张的自尊心才会得到安抚，或者受到打击——这本书在网上的反响似乎挺好，显然超出了我的期待。有许多博客发帖和电子杂志评论，还有大量读者写来的电子邮件表达认同，为此我非常高兴。网络上对这本书是有所关注的。

我之所以会高估互联网销量占比，或许是因为近年来的文化氛围。本书于二〇〇六年春天出版以来，我听到的论调都是：要是没有引入计算机系统加以完善，文化领域的各个方面，恐怕都前景黯淡。每一天，尤其在硅谷一带，线上线下的新闻头条都在宣告数字世界的胜利。突然间，街头来来往往的人们耳朵里都塞上了小玩意儿，耳机和耳机线。每个人都在利用某种办法，与远方的人联结，身边的邻居却越来越陌生。除了我和少数死硬派书迷，似乎每个人都相互联系着。最近的一次晚宴上，一个板正的年轻人郑重地告诉我："凡是不能在计算机上完成的事，人们都不会做。"我立刻想到三件人们必须做、却还不能在计算机上完成的事，但忍住了没说。

最令我不安的是，过去两年间，在许多场激烈交谈中，我的天真态度和小小的乐观精神几乎都会受到嘲讽。不断有人告诉我，图书已死，只是我还没有屈服。如果图书都已经消亡，书店显然更不必存在了。人们劝我，是时候醒醒了，看看这方生方死的世界。

让我备受打击的，不是那些丧气话本身，而是它们被谁说出来。作者、书商、出版商……与书有关的人，总在提醒我印刷品的世界已然覆灭。那些本应对印制纸品最有热情的人，却是最尖刻的发声者；他们撂倒我，仿佛自己已被挫败，让胜利者完成了全部战役。这样的悲观情绪，直到现在仍然让我震惊。过了一段时间之后，我自己也会想，或许自始至终，只有我，是个傻瓜。

所以，我开始搜寻能作为佐证的数字，可以描绘大局的数字：在美国，新书的线上购买比例是多少？在这个海量信息唾手可得的时代，我以为能轻松获得这一数字：上谷歌，键入，点击。但事实并非如此。我打了很多通电话，发了很多封邮件，又花了很大精力去图书馆查询——是的，还花了很多时间上网检索——我最多也只能得出一个大概的数字，当然它基于真实数据产生，并且只适用于一般情况。过去几年，有百分之二十的新书是通过线上售出的。有些出版商发布的报告高于这个比例，达到百分之三十乃至百分之四十，有的则低于这一数字，但百分之二十是平均数，一些调查研究也引用过。看来，我这本小书没有偏离平均数太多。我还是感到惊讶，我原以为这个数字会高一些。

然而，我这本主要在实体店销售的书，却在某种程度上得到了自己最大的对手——网络的助力，取得了小小的成功。像我一样热爱书店的人，也需要寻找同类，是互联网让这种需求变成了现实。我在和读者交流的过程中领悟到这一点，没错，那些好心的读者给我发来了电子邮件。一位读者在一间书店看到这本书，选中并买下，还在博客上写了一篇好评。接着这篇博文在网上传播开。看到评论的读者中又有人会去买书，并以某种电子形式将书讯分享给其他人，他们再去各自所在地的书店买书。网络——我勒德分子[1]的一面多少为此感到懊丧——将读者联系了起来，没有把他们推离书店。当远在马来西亚、印度、澳大利亚、挪威的人们也成为这本书的读者时，我对此感触更深了。我能证明，一个美丽新世界不一定是个非此即彼的命题。至少就目前来看，书店还会继续存在，而实际上新技术提供了帮助。

我在研究新书的互联网销售占比时，好友凯蒂传给我一篇电子版的 BBC 在线文章，是关于世界范围内图书的线上销售。二〇〇七年，尼尔森在线发布调查结果：图书已成为主要在线上销售的商品，这个数字还在增长。二〇〇五年，百分之三十四的互联网用户网购过图书；到了二〇〇七年，是百分之四十一。如此多的书籍在线上完成交易，这个消息本该多少让我感到失望，但是并没有。相反，这给了我希望。互联网已经深入人们的生活，而人们会去网上买书，这是我一直举的例子。

||||||||

不过，毫无疑问，这年头已不是做书商的好时候。我住在旧金山湾区，这里可以充当全美图书销售社群的一个样本，让我们清晰地看到个中情况。

在这本书出版之后，旧金山湾区已经失去了一些重要的、传奇的书店。伯克利的“寇帝”书店是世界上最伟大的书店之一，经营了五十年后关门歇业。给书“一个干净明亮之地”勉力支撑了三十多年，三间店中的最后一间就开在旧金山的核心地区，也关掉了。这两家书店的消失，远不止令人沮丧，而是悲痛。

但也有好消息。湾区的一处图书天堂——门洛帕克的开普勒书店一度停业，我们曾为此惊讶不安，但在一些忠实主顾的资金支持下，很快就重新开业了。旧金山伯纳尔高地附近的“红山书屋”，店铺面积扩展到几乎是原来的两倍。“图书公司”是北加州的连锁书店（第一家店于一八五一年开业！）立即进驻“干净明亮之地”的原店址，而“一个干净明亮之地”的原主创之一尼尔·索夫曼，开设了好逛又叫卖的“书店西门”。最好的消息是“城市之光”，是的，就是那间城市之光，开了有五十多年了，还在继续发展壮大。

盖理·弗兰克在旧金山海特街经营书匠书店超过二十五

年了。如今他已经卖掉店铺，退休了。但书店并没有关门大吉，而是由一群热情的新主人买下，他们都是图书行业的新手，开店、卖书、举办作家活动的新手。说真的，这在图书销售领域算得上是一个传奇——一个故事的圆满结局，是另一个故事新的开始。

美国的一些消息也带来一丝希望。过去的一两年，主要连锁书店的销售额有所增长，但独立书店的销量占比仍然太小，近几年一直稳定在近百分之十，不太乐观。在美国，经历了十年的下滑后，独立书店的数量的确已经显著增加。这是个好消息。

||||||||

数字当然不会说谎，也从没说过谎。过去，为了写作此书周游美国时，我有幸在书店中，以及各种聚会上，与成百上千位书商交谈。我从他们那里听到的，和我三十年来在职场上听到的别无二致，在互联网普及之前很久，我自己就曾滔滔不绝地说过那样的话。

他们仍然在谈论:（一）图书的加成空间小,（二）店面租金上涨,（三）工资成本高，以及（四）各种竞争。好吧，这些问题可以冠给很多事情——自行车、广播、电视、网络，等等。让我重申一下这本书试图阐明的事：书业从来不轻松。时至今日，我们仍然面临和很久很久以前一样的难题。但我们仍然在开书店，即便需要苦苦挣扎。

为什么？因为我们爱书。那些与我交谈的书商，在发完长长的牢骚（都是坦诚的、有意义的诉苦）后，总会开始与我谈论书。我看过这本新的小说了吗？我怎么会错过这本关于食物历史的新书？难道我们不是都在为即将出版的某本自传兴奋不已……书，书，书。这就是为什么我们投身这个行业的原因；这也是为什么，对于有人如此傻、如此不顾后果、如此有勇气且顽固到去开书店，读者们应该心存感激的原因。

在我去过的每一间书店——总数可是相当大——中，总会遇到一本令我眼睛一亮的书。那通常是一本我之前不知道，但绝对必收的书。最常遇到的情况就是，书店店员将一本书放到我手里，说："你一定要读读这本书。"我知道，我知道，计算机里的算法会列出一个我"十之八九"会喜欢的书单。但是，我还没有碰到一种算法能将书放到我手里。如果有那样一天，我会妥协的。

在我近期的书店巡礼中，我注意到一种趋势，这种新的销售模式或许可以让实体书店，尤其是独立书店存活下去，比科技预言家所预计的时间更长，这真的很鼓舞我。

安·莱伊和马里恩·阿伯特·邦迪与书打了一辈子交道，

在二〇〇四年第一次成为一家书店的主人，他们在伯克利的学院大道开了“达洛维夫人的文学与花园艺术”。对它最好的形容是，一个优雅的邻居 / 专卖店。店面的一半贡献给了新版和重版小说、非虚构图书、童书，数量虽少，但都是独家挑选的，专为附近前来浏览的读者服务。店面的另一半留给了园艺，展示着来自全世界的园艺主题的书籍、杂志，还有一系列可爱的工具、花瓶、花盆和其他园艺用品。“达洛维夫人”的店址，是曾经的“大道书店”，所以它既能保留前任书店的客源，又能借助园艺项目扩大读者群体，使书店的影响力延伸到整个湾区，甚至更远的地方。店铺每年增长的销售额远远超出了他们保守的预期，在开店的第四年便繁荣起来，就像野草一样。

无论去哪个城市或地区，我发现，书店都有相似的规划——将非常专门的书，和少量精选出的、对附近读者有吸引力的书放在一起。推理和悬疑书店，童书店，艺术书店和农业书店——多种组合，都是为了打造一间能带给人新鲜感的街区书店。如今，你可以轻松获取世界上的任何一本书；但有时候，无穷无尽的选择也让人崩溃。小书店承受不了运营费用，无法与互联网抗衡，甚至无法和连锁超市竞争。像“达洛维夫人”这样的书店，你可以进来逛逛，出去的时候，手上便会被计算机算法无法推送给你的图书占满。如果这种模式真能帮助我们渡过难关，我们——书商，出版商，还有最重要的，读者，一定会做得更好。

刘易斯·布兹比

旧金山，加利福尼亚州

二〇〇八年六月

【1】勒德分子指代19世纪英国工业革命时期，因为机器代替了人力而失业的技术工人，现在引申为持有反机械化和反自动化观点的人。

THE YELLOW-LIGHTED BOOKSHOP By LEWIS BUZBEE

This edition arranged with GRAYWOLF PRESS
Through BIG APPLE AGENCY，INC.，LABUAN，MALAYSIA.

上海市版权局著作权合同登记　图字：09-2020-414 号

图书在版编目（CIP）数据

书店的灯光 /（美）刘易斯·布兹比著；陈体仁译
．—— 上海：上海三联书店，2020.8
ISBN 978-7-5426-7071-7

Ⅰ．①书… Ⅱ．①刘… ②陈… Ⅲ．①图书史－世界
Ⅳ．① G256.1

中国版本图书馆 CIP 数据核字（2020）第 096300 号

书店的灯光

[美]刘易斯·布兹比 著　陈体仁 译

责任编辑 / 殷亚平
特邀编辑 / 杜珈琦　李昕芮
营销编辑 / 史　策
责任校对 / 张大伟
责任印制 / 史广宜
装帧设计 / 李照祥

出版发行 / 上海三联书店
(200030) 上海市徐汇区漕溪北路 331 号 A 座 6 楼
邮购电话 / 021-22895040
印　　刷 / 北京天宇万达印刷有限公司
版　　次 / 2020 年 8 月第 1 版
印　　次 / 2021 年 1 月第 3 次印刷
开　　本 / 787mm × 1092mm　1/32
字　　数 / 135 千字
印　　张 / 7.5
书　　号 / ISBN 978-7-5426-7071-7
定　　价 / 58.00 元